LX한국국토정보공사

KB084387

직업기초능력 모의고사

제 1 회	영 역	수리능력, 문제해결능력, 정보능력, 기술능력
	문항수	60문항
	시 간	60분
	비 고	객관식 4지선다형

SEOWONGAK
(주)서원각

제1회 기출동형 모의고사

1 다음은 신용대출의 중도상환에 관한 내용이다. 甲씨는 1년 후에 일시 상환하는 조건으로 500만 원을 신용대출 받았다. 그러나 잔여기간이 100일 남은 상태에서 중도 상환하려고 한다. 甲씨가 부담해야 하는 해약금은 약 얼마인가? (단, 원단위는 절사한다)

- 중도상환해약금 : 중도상환금액×중도상환적용요율×(잔여기간/대출기간)

구분	가계대출		기업대출	
	부동산 담보대출	신용/기타 담보대출	부동산 담보대출	신용/기타 담보대출
적용요율	1.4%	0.8%	1.4%	1.0%

- 대출기간은 대출개시일로부터 대출기간만료일까지의 일수로 계산하되, 대출기간이 3년을 초과하는 경우에는 3년이 되는 날을 대출기간만료일로 한다.
- 잔여기간은 대출기간에서 대출개시일로부터 중도상환일까지의 경과일수를 차감하여 계산한다.

① 10,950원

② 11,950원

③ 12,950원

④ 13,950원

2 어떤 강을 따라 36km 떨어진 지점을 배로 왕복하려고 한다. 올라 갈 때에는 6시간이 걸리고 내려올 때는 4시간이 걸린다고 할 때 강물이 흘러가는 속력은 몇인가? (단, 배의 속력은 일정하다)

① 1.3km/h

② 1.5km/h

③ 1.7km/h

④ 1.9km/h

3 다음 〈표〉는 주식매매 수수료율과 증권거래세율에 대한 자료이다. 주식매매 수수료는 주식 매도 시 매도자에게, 매수 시 매수자에게 부과되며 증권거래세는 주식 매도 시에만 매도자에게 부과된다고 할 때, 이에 대한 〈보기〉의 설명 중 옳은 것을 모두 고르면?

〈표 1〉 주식매매 수수료율과 증권거래세율

(단위 : %)

구분 \ 연도	2001	2003	2005	2008	2011
주식매매 수수료율	0.1949	0.1805	0.1655	0.1206	0.0993
유관기관 수수료율	0.0109	0.0109	0.0093	0.0075	0.0054
증권사 수수료율	0.1840	0.1696	0.1562	0.1131	0.0939
증권거래세율	0.3	0.3	0.3	0.3	0.3

〈표 2〉 유관기관별 주식매매 수수료율

(단위 : %)

유관기관 \ 연도	2001	2003	2005	2008	2011
한국거래소	0.0065	0.0065	0.0058	0.0045	0.0032
예탁결제원	0.0032	0.0032	0.0024	0.0022	0.0014
금융투자협회	0.0012	0.0012	0.0011	0.0008	0.0008
합계	0.0109	0.0109	0.0093	0.0075	0.0054

※ 주식거래 비용 = 주식매매 수수료 + 증권거래세

※ 주식매매 수수료 = 주식매매 대금 × 주식매매 수수료율

※ 증권거래세 = 주식매매 대금 × 증권거래세율

- ㉠ 2001년에 '갑'이 주식을 매수한 뒤 같은 해에 동일한 가격으로 전량 매도했을 경우, 매수 시 주식거래 비용과 매도 시 주식거래 비용의 합에서 증권사 수수료가 차지하는 비중은 50%를 넘지 않는다.
- ㉡ 2005년에 '갑'이 1,000만원 어치의 주식을 매수할 때 '갑'에게 부과되는 주식매매 수수료는 16,550원이다.
- ㉢ 모든 유관기관은 2011년 수수료율을 2008년보다 10% 이상 인하하였다.
- ㉣ 2011년에 '갑'이 주식을 매도할 때 '갑'에게 부과되는 주식거래 비용에서 유관기관 수수료가 차지하는 비중은 2% 이하이다.

① ㉠, ㉡

② ㉠, ㉢

③ ㉡, ㉢

④ ㉡, ㉣

4 다음은 Y년의 산업부문별 전기다소비사업장의 전기 사용현황을 나타낸 자료이다. 다음 자료를 참고할 때, Y-1년의 화공산업 부문 전기다소비사업장의 전기사용량은 얼마인가? (전기사용량은 절삭하여 원 단위로 표시함)

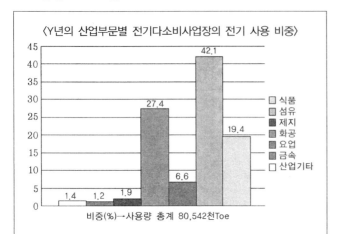

〈Y년의 산업부문별 전기다소비사업장의 전기 사용 비중〉

비중(%)→사용량 총계 80,542천Toe

〈Y년의 산업부문별 전기다소비사업장의 전기 사용 증가율〉

구분	식품	섬유	제지	화공	요업	금속	산업 기타
전년대비 증가율(%)	1.8	-3.9	-12.6	4.5	1.6	-1.2	3.9

① 20,054천Toe
② 20,644천Toe
③ 20,938천Toe
④ 21,117천Toe

5 그림과 같이 6등분 되어 있는 원판이 있다. 회전하고 있는 원판에 화살을 세 번 쏘았을 때, 적어도 화살 하나는 6의 약수에 맞을 확률은? (단, 화살은 반드시 원판에 맞으며, 경계선에 맞는 경우는 없다.)

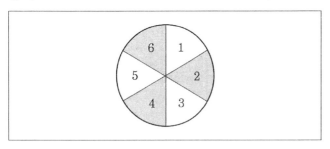

① $\dfrac{1}{27}$
② $\dfrac{2}{9}$
③ $\dfrac{5}{9}$
④ $\dfrac{26}{27}$

6 생산라인 A만으로 먼저 32시간 가동해서 제품을 생산한 후, 다시 생산라인 B를 가동하여 두 생산라인으로 10,000개의 정상제품을 생산하였다. 생산성과 불량품 비율이 다음과 같을 때, 10,000개의 정상제품을 생산하기 위해 생산라인을 가동한 총 시간을 구하면?

> ㉠ 불량품 체크 전 단계의 시제품 100개를 만드는 데, 생산라인 A는 4시간이 걸리고, 생산라인 B로는 2시간이 걸린다.
> ㉡ 두 라인을 동시에 가동하면 시간당 정상제품 생산량이 각각 20%씩 상승한다.
> ㉢ 생산라인 A의 불량률은 20%이고, B의 불량률은 10%이다.

① 132시간
② 142시간
③ 152시간
④ 162시간

7 서원각은 전일 온라인으로 주문받은 제품의 케이스와 전자 제품을 여러 개로 포장하여 택배로 배송하였다. 제품 케이스 하나의 무게는 1.8kg으로 택배비용은 총 46,000원이고, 전자 제품은 무게가 개당 2.5kg으로 총 56,000원의 택배비용이 들었다. 배송처는 서울과 지방에 산재해 있으며, 각 배송처로 전자 제품과 제품 케이스가 각각 하나씩 배송되었다. 이 제품이 배달된 배송처는 모두 몇 곳인가? (단, 택배 요금은 다음 표와 같다)

구분	2kg 이하	4kg 이하	6kg 이하	8kg 이하
서울	4,000원	5,000원	7,000원	9,000원
지방	5,000원	6,000원	8,000원	11,000원

① 4곳
② 8곳
③ 10곳
④ 12곳

8 다음은 ○○은행 기업고객인 7개 기업의 1997년도와 2008년도의 주요 재무지표를 나타낸 자료이다. 〈보기〉의 설명 중 옳은 것을 모두 고르면?

〈7개 기업의 1997년도와 2008년도의 주요 재무지표〉

(단위 : %)

재무지표 / 기업 (연도)	부채비율		자기자본비율		영업이익률		순이익률	
	1997	2008	1997	2008	1997	2008	1997	2008
A	295.6	26.4	25.3	79.1	15.5	11.5	0.7	12.3
B	141.3	25.9	41.4	79.4	18.5	23.4	7.5	18.5
C	217.5	102.9	31.5	49.3	5.7	11.7	1.0	5.2
D	490.0	64.6	17.0	60.8	7.0	6.9	4.0	5.4
E	256.7	148.4	28.0	40.3	2.9	9.2	0.6	6.2
F	496.6	207.4	16.8	32.5	19.4	4.3	0.2	2.3
G	654.8	186.2	13.2	34.9	8.3	8.7	0.3	6.7
7개 기업의 산술평균	364.6	108.8	24.7	53.8	11.0	10.8	2.0	8.1

1) 총자산 = 부채 + 자기자본

2) 부채구성비율(%) $= \dfrac{\text{부채}}{\text{총자산}} \times 100$

3) 부채비율(%) $= \dfrac{\text{부채}}{\text{자기자본}} \times 100$

4) 자기자본비율(%) $= \dfrac{\text{자기자본}}{\text{총자산}} \times 100$

5) 영업이익률(%) $= \dfrac{\text{영업이익}}{\text{매출액}} \times 100$

6) 순이익률(%) $= \dfrac{\text{순이익}}{\text{매출액}} \times 100$

〈보기〉
㉠ 1997년도 부채구성비율이 당해년도 7개 기업의 산술평균보다 높은 기업은 3개이다.
㉡ 1997년도 대비 2008년도 부채비율의 감소율이 가장 높은 기업은 A이다.
㉢ 기업의 매출액이 클수록 자기자본비율이 동일한 비율로 커지는 관계에 있다고 가정하면, 2008년도 순이익이 가장 많은 기업은 A이다.
㉣ 2008년도 순이익률이 가장 높은 기업은 1997년도 영업이익률도 가장 높았다.

① ㉠, ㉡
② ㉡, ㉢
③ ㉢, ㉣
④ ㉠, ㉡, ㉢

9 다음 글을 근거로 판단할 때 문장과 그 대응되는 수를 바르게 짝지은 것은?

'$x+a$는 $y+a$와 같다'는 문장은 $x+a=y+a$로 바꿀 수 있다. 이런 식으로 단어를 기호, 쉼표나 괄호, ∧(그리고)나 ∨(또는), ∼(아니다), →(…면 …다) 같은 논리식 기호, ∀(모든), ∃(어떤 …가 있다) 등을 이용해 바꾸어 일반적인 문장을 수학적 문장으로 바꿀 수 있다. 그 다음에 이 기호 하나하나에 다음과 같이 어떤 숫자를 대응시켜 볼 수 있다.

∧	∨	∼	=	+	÷	→	x	y	p	q	a	∀	∃
↓	↓	↓	↓	↓	↓	↓	↓	↓	↓	↓	↓	↓	↓
1	2	3	4	5	6	7	8	9	10	11	12	13	14

소인수분해는 어떤 수를 2, 3, 4, 7, 11과 같은 소수(素數)들의 곱으로 표시하는 것을 말한다. 어떤 수를 소인수분해하는 방법은 오직 하나만 존재한다. 예를 들면, 360을 $2^3 \times 3^2 \times 5$로 표현하는 것을 소인수분해라고 하고, 360을 소인수분해하는 방법은 방금 말한 한 가지뿐이다. 이런 것을 소인수분해의 일의성(一意性)이라고 한다. 다시 말하면 자연수와 그것을 소인수분해하는 식 사이에는 일대일대응이 존재한다고 할 수 있다.

위의 방법들을 이용해 문장을 하나의 수로 바꿀 수 있다. 간단한 예를 들어보자. 'p가 아니거나 q다'라는 문장은 수학적 문장으로 바꾸면 '$\sim p \vee q$'이다. 위에서 약속한 대로 할 경우 이 문장에서 기호들은 각각 3(∼), 10(p), 2(∨), 11(q)에 대응된다. 다음에, 소수를 작은 수부터 나열해보면 2, 3, 5, 7, 11, 13, 17, 19, … 순으로 배열되는데, 조금 전의 네 수를 앞에서부터 차례로 이 소수들의 지수로 얹어서 곱해보는 것이다. 그럼 $2^3 \times 3^{10} \times 5^2 \times 7^{11}$이 된다. 이 수가 바로 $\sim p \vee q$에 대응하는 숫자가 된다. 같은 식으로 '$x+a$는 $y+a$와 같다'는 문장에 대응하는 숫자는 $2^8 \times 3^5 \times 5^{12} \times 7^4 \times 11^9 \times 13^5 \times 17^{12}$임을 알 수 있다.

문장	대응되는 수
① $x+a$는 $p+q$와 같다	$2^8 \times 3^5 \times 5^{12} \times 7^4 \times 11^{10} \times 13^6 \times 17^{11}$
② p가 아니면 q다	$2^3 \times 3^{10} \times 5^6 \times 7^{11}$
③ x 또는 y다	$3^8 \times 5^2 \times 7^9$
④ x와 y가 같다면 a다	$2^8 \times 3^4 \times 5^9 \times 7^7 \times 11^{12}$

10 다음은 우리나라 1차 에너지 소비량 자료이다. 자료 분석 결과로 옳은 것은?

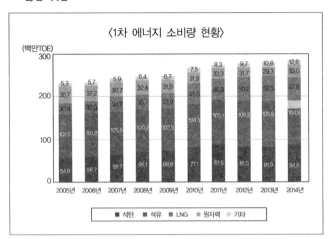

〈1차 에너지 소비량 현황〉

① 석유 소비량이 나머지 에너지 소비량의 합보다 많다.
② 석탄 소비량이 완만한 하락세를 보이고 있다.
③ 기타 에너지 소비량이 지속적으로 감소하는 추세이다.
④ 원자력 소비량은 증감을 거듭하고 있다.

11 다음은 L공사의 직원 채용 절차와 모집 결과이다. 다음과 같은 조건을 참고할 때, L공사 채용의 총 응시자 수는 모두 몇 명인가?

- 채용절차 : 1차 서류전형 → 2차 필기시험 → 3차 인적성 테스트 → 4차 최종 면접 → 최종 500명 선발
- 각 전형의 선발 인원은 다음 전형 통과 인원의 3배수, 3차 인적성 테스트는 최종 합격자의 1.5배 수
- 1차 서류전형 통과 인원은 총 응시자의 45%
- 최종 선발 인원의 3%는 사회적 약자 집단으로 배분하여 별도 모집
- 인원수는 소수 첫 자리에서 반올림하여 정수로 기산한다.

① 13,950명
② 14,020명
③ 14,320명
④ 14,560명

12 10km를 달리는 시합에서 출발 후 1시간 이내에 결승선을 통과해야 기념품을 받을 수 있다. 출발 후 처음 12분을 시속 8km로 달렸다면, 남은 거리를 적어도 얼마의 평균 속력으로 달려야 기념품을 받을 수 있는가?

① 시속 10.5km
② 시속 11.0km
③ 시속 11.5km
④ 시속 12.0km

13 ○○전기 A지역본부의 작년 한 해 동안의 송전과 배전 설비 수리 건수는 총 238건이다. 설비를 개선하여 올해의 송전과 배전 설비 수리 건수가 작년보다 각각 40%, 10%씩 감소하였다. 올해 수리 건수의 비가 5 : 3일 경우, 올해의 송전 설비 수리 건수는 몇 건인가?

① 102건
② 100건
③ 98건
④ 95건

14 다음은 건설업과 관련된 주요 지표이다. 〈보기〉 중 자료에 대한 판단으로 옳은 설명을 모두 고르면?

〈건설업 주요 지표〉

(단위 : 개, 천 명, 조 원, %)

구분	2016년	2017년	전년대비	
			증감	증감률
기업체수	69,508	72,376	2,868	4.1
종사자수	1,573	1,670	97	6.1
건설공사 매출액	356.6	392.0	35.4	9.9
국내 매출액	313.1	354.0	40.9	13.1
해외 매출액	43.5	38.0	−5.5	−12.6
건설비용	343.2	374.3	31.1	9.1
건설 부가가치	13.4	17.7	4.3	32.1

〈연도별 건설업체수 및 매출 증감률〉

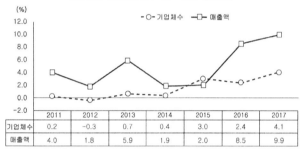

	2011	2012	2013	2014	2015	2016	2017
기업체수	0.2	−0.3	0.7	0.4	3.0	2.4	4.1
매출액	4.0	1.8	5.9	1.9	2.0	8.5	9.9

〈보기〉

㉮ 2012년의 기업체 수는 65,000개 이상이었다.

㉯ 건설공사 매출액 중 국내 매출액의 비중은 2016년보다 2017년이 더 크다.

㉰ 기업체 1개당 평균 매출액은 2016년보다 2017년이 더 크다.

㉱ 해외 매출액의 증감은 건설 부가가치의 증감에 영향을 미치지 않는다.

① ㉯, ㉰, ㉱

② ㉮, ㉰, ㉱

③ ㉮, ㉯, ㉱

④ ㉮, ㉯, ㉰

15 다음은 2012~2018년 동안 흡연율 및 금연계획률에 관한 자료이다. 이에 대한 설명으로 옳은 것은?○

〈성별 흡연율〉

연도 / 성별	2012	2013	2014	2015	2016	2017	2018
남성	45.0	47.7	46.9	48.3	47.3	43.7	42.1
여성	5.3	7.4	7.1	6.3	6.8	7.9	6.1
전체	20.6	23.5	23.7	24.6	25.2	24.9	24.1

〈소득수준별 남성 흡연율〉

연도 / 소득	2012	2013	2014	2015	2016	2017	2018
최상	38.9	39.9	38.7	43.5	44.1	40.8	36.6
상	44.9	46.4	46.4	45.8	44.9	38.6	41.3
중	45.2	49.6	50.9	48.3	46.6	45.4	43.1
하	50.9	55.3	51.2	54.2	53.9	48.2	47.5

〈금연계획율〉

연도 / 구분	2012	2013	2014	2015	2016	2017	2018
금연계획률	59.8	56.9	( )	( )	56.3	55.2	56.5
단기	19.4	( )	18.2	20.8	20.2	19.6	19.3
장기	40.4	39.2	39.2	32.7	( )	35.6	37.2

※ 흡연율(%) = $\dfrac{흡연자\ 수}{인구\ 수} \times 100$

※ 금연계획률(%) = $\dfrac{금연계획자\ 수}{흡연자\ 수} \times 100$
= 단기 금연계획률 + 장기 금연계획률

① 매년 남성 흡연율은 여성 흡연율의 6배 이상이다.

② 매년 소득수준이 높을수록 남성 흡연율은 낮다.

③ 2013~2015년 동안 매년 금연계획률은 전년대비 감소한다.

④ 2016년의 장기 금연계획률은 2008년의 단기 금연계획률의 두 배 이상이다.

▌16~17▐ 다음은 국민연금관리공단에서 시행하고 있는 두루누리 사회보험료 지원사업에 관한 내용이다. 다음을 읽고 이어지는 물음에 답하시오.

두루누리 지원사업이란 소규모 사업을 운영하는 사업주와 소속 근로자의 사회보험료(고용보험·국민연금)의 일부를 국가에서 지원함으로써 사회보험 가입에 따른 부담을 덜어주고, 사회보험 사각지대를 해소하기 위한 사업입니다.

지원대상
• 근로자 수가 10명 미만인 사업장에 고용된 근로자 중 월평균보수가 210만 원 미만인 근로자와 그 사업주에게 사회보험료(고용보험·국민연금)를 최대 90%까지 각각 지원해 드립니다.('210만 원 미만'이란 근로소득에서 비과세 근로소득을 제외하고 산정한 월평균보수가 210만 원이 되지 않는 경우를 말합니다.)
• 2018년 1월 1일부터 신규지원자 및 기지원자 지원을 합산하여 3년(36개월)만 지원합니다.
• 기지원자의 경우 2020년까지 지원됩니다.(2021년부터 지원 중단)

지원 제외대상
지원 대상에 해당하는 근로자가 아래의 어느 하나라도 해당되는 경우에는 지원 제외됩니다.
• 지원신청일이 속한 보험연도의 전년도 재산의 과세표준액 합계가 6억 원 이상인 자
• 지원신청일이 속한 보험연도의 전년도 근로소득이 연 2,772만 원 이상인 자
• 지원신청일이 속한 보험연도의 전년도 근로소득을 제외한 종합소득이 연 2,520만 원 이상인 자

지원수준
• 신규지원자 : 지원신청일 직전 1년간 피보험자격 취득이력이 없는 근로자와 그 사업주
  * 5명 미만 사업 90% 지원 / 5명 이상 10명 미만 사업 80% 지원
• 기지원자 : 신규지원자에 해당하지 않는 근로자와 사업주
  * 10명 미만 사업 40% 지원

16 다음 중 두루누리 지원사업을 올바르게 이해하지 못한 의견은?

① 기지원자와 신규지원자 모두 2021년부터는 두루누리 지원사업이 중단된다.

② 두루누리 지원 대상자의 월평균보수 산정 기준은 과세 대상 근로소득이다.

③ 기지원자는 근무하는 사업장의 근로자 수가 4명인 경우와 7명인 경우에 지원비가 동일하다.

④ 지원신청일이 속한 월의 과세 대상 근로소득이 210만 원을 초과하나, 전년도 과세표준과 근로소득이 지원 제외대상에 포함되지 않는 근로자는 지원 대상이 된다.

17 위의 사업 내역을 참고할 때, 다음 두 가지 경우에 근로자에게 지원되는 지원금액은 각각 얼마인가? (단, 두 경우 모두 신규지원자이며, 지원 제외대상은 아니라고 가정한다)

A. 근로자 수 4명인 사업장에 고용된 근로자의 월평균보수가 190만 원
   근로자의 월 고용보험료 총액 : 34,200원
   근로자의 월 국민연금보험료 총액 : 171,000원

B. 근로자 수 8명인 사업장에 고용된 근로자의 월평균보수가 190만 원
   근로자의 월 고용보험료 총액 : 24,700원
   근로자의 월 국민연금보험료 총액 : 163,000원

① 84,465원, 82,080원

② 17,100원, 12,350원

③ 85,500원, 81,500원

④ 92,340원, 75,080원

18 L공사는 사내 식사 제공을 위한 외식 업체를 선정하기 위해 다음과 같이 5개 업체에 대한 평가를 실시하였다. 다음 평가 방식과 평가 결과에 의해 외식 업체로 선정될 업체는 어느 곳인가?

〈최종결과표〉

(단위 : 점)

구분	A업체	B업체	C업체	D업체	E업체
제안가격	84	82	93	90	93
위생도	92	90	91	83	92
업계평판	92	89	91	95	90
투입인원	90	92	94	91	93

〈선정 방식〉

• 각 평가항목별 다음과 같은 가중치를 부여하여 최종 점수 고득점 업체를 선정한다.
  - 투입인원 점수 15%
  - 업계평판 점수 15%
  - 위생도 점수 30%
  - 제안가격 점수 40%
• 어느 항목이라도 5개 업체 중 최하위 득점이 있을 경우(최하위 점수가 90점 이상일 경우 제외), 최종 업체로 선정될 수 없음.
• 동점 시, 가중치가 높은 항목 순으로 고득점 업체가 선정

① B업체   ② C업체

③ D업체   ④ E업체

19 지적측량 설비 수리를 하기 위해 본사에서 파견된 8명의 기술자들이 출장지에서 하룻밤을 묵게 되었다. 1개 층에 4개의 객실(101~104호, 201~204호, 301~304호, 401~404호)이 있는 3층으로 된 조그만 여인숙에 1인당 객실 1개씩을 잡고 투숙하였고 다음과 같은 조건을 만족할 경우, 12개의 객실 중 8명이 묵고 있지 않은 객실 4개를 모두 알기 위하여 필요한 사실이 될 수 있는 것은 다음 보기 중 어느 것인가? (출장자 일행 외의 다른 투숙객은 없는 것으로 가정한다)

- 출장자들은 1, 2, 3층에 각각 객실 2개, 3개, 3개에 투숙하였다.
- 출장자들은 1, 2, 3, 4호 라인에 각각 2개, 2개, 1개, 3개 객실에 투숙하였다.

① 302호에 출장자가 투숙하고 있다.

② 203호에 출장자가 투숙하고 있지 않다.

③ 102호에 출장자가 투숙하고 있다.

④ 103호에 출장자가 투숙하고 있다.

20 다음 제시된 조건을 보고, 만일 영호와 옥숙을 같은 날 보낼 수 없다면, 목요일에 보내야 하는 남녀사원은 누구인가?

영업부의 박 부장은 월요일부터 목요일까지 매일 남녀 각 한 명씩 두 사람을 회사 홍보 행사 담당자로 보내야 한다. 영업부에는 현재 남자 사원 4명(길호, 철호, 영호, 치호)과 여자 사원 4명(영숙, 옥숙, 지숙, 미숙)이 근무하고 있으며, 다음과 같은 제약 사항이 있다.

㉠ 매일 다른 사람을 보내야 한다.
㉡ 치호는 철호 이전에 보내야 한다.
㉢ 옥숙은 수요일에 보낼 수 없다.
㉣ 철호와 영숙은 같이 보낼 수 없다.
㉤ 영숙은 지숙과 미숙 이후에 보내야 한다.
㉥ 치호는 영호보다 앞서 보내야 한다.
㉦ 옥숙은 지숙 이후에 보내야 한다.
㉧ 길호는 철호를 보낸 바로 다음 날 보내야 한다.

① 길호와 영숙

② 영호와 영숙

③ 치호와 옥숙

④ 길호와 옥숙

21 사고조사반원인 K는 2018년 12월 25일 발생한 총 6건의 사고에 대하여 보고서를 작성하고 있다. 사고 발생 순서에 대한 타임라인이 다음과 같을 때, 세 번째로 발생한 사고는? (단, 동시에 발생한 사고는 없다)

㉠ 사고 C는 네 번째로 발생하였다.
㉡ 사고 A는 사고 E보다 먼저 발생하였다.
㉢ 사고 B는 사고 A보다 먼저 발생하였다.
㉣ 사고 E는 가장 나중에 발생하지 않았다.
㉤ 사고 F는 사고 B보다 나중에 발생하지 않았다.
㉥ 사고 C는 사고 E보다 나중에 발생하지 않았다.
㉦ 사고 C는 사고 D보다 먼저 발생하였으나, 사고 B보다는 나중에 발생하였다.

① A   ② B

③ D   ④ E

22 다음 글에 나타난 문제해결의 장애요소는?

최근 A사의 차량이 화재가 나는 사고가 연달아 일어나고 있다. 현재 리콜 대상 차량은 10만여 대로 사측은 전국의 서비스 업체에서 안전진단을 통해 불편을 해소하는 데에 최선을 다하겠다고 말했다. A사 대표는 해당 서비스를 24시간 확대 운영은 물론 예정되어 있던 안전진단도 단기간에 완료하겠다고 입장을 밝혔다. 덕분에 서비스센터 현장은 여름휴가 기간과 겹쳐 일반 서비스 차량과 리콜 진단 차량까지 전쟁터를 방불케 했다. 그러나 안전진단은 결코 답이 될 수 없다는 게 전문가들의 의견이다. 문제가 되는 해당 부품이 개선된 제품으로 교체되어야만 해결할 수 있는 사태이고, 개선된 제품은 기본 20여 일이 걸려 한국에 들어올 수 있기 때문에 이 사태가 잠잠해지기까지는 상당한 시간이 걸린다는 것이다. 또한 단순 안전진단만으로는 리콜이 시작되기 전까지 오히려 고객들의 불안한 마음만 키울 수 있어 이를 해결할 확실한 대안이 필요하다고 지적했다.

① 실질적 대안이 아닌 고객 달래기식 대응을 하고 있다.

② 해결책을 선택하는 타당한 이유를 마련하지 못하고 있다.

③ 선택한 해결책을 실행하기 위한 계획을 수립하지 못하고 있다.

④ 중요한 의사결정 인물이나 문제에 영향을 받게 되는 구성원을 참여시키지 않고 있다.

23 다음은 SWOT에 대한 설명이다. 다음 중 시장의 위협을 회피하기 위해 강점을 사용하는 전략의 예로 적절한 것은?

〈SWOT 분석〉

SWOT분석이란 기업의 환경 분석을 통해 마케팅 전략을 수립하는 기법이다. 조직 내부 환경으로는 조직이 우위를 점할 수 있는 강점(Strength), 조직의 효과적인 성과를 방해하는 자원·기술·능력면에서의 약점(Weakness), 조직 외부 환경으로는 조직 활동에 이점을 주는 기회(Opportunity), 조직 활동에 불이익을 미치는 위협(Threat)으로 구분된다.

		내부환경요인	
		강점 (Strength)	약점 (Weakness)
외부환경요인	기회 (Opportunity)	SO	WO
	위협 (Threat)	ST	WT

① 세계적인 유통라인을 내세워 개발도상국으로 사업을 확장한다.
② 저가 정책으로 마진이 적지만 인구 밀도에 비해 대형마트가 부족한 도시에 진출한다.
③ 부품의 10년 보증 정책을 통해 대기업의 시장 독점을 이겨낸다.
④ 고가의 연구비를 타사와 제휴를 통해 부족한 정부 지원을 극복한다.

24 다음에 제시된 명제가 모두 참일 때, 반드시 참이라고 할 수 있는 것은?

- 배가 아픈 사람은 식욕이 좋지 않다.
- 배가 아프지 않은 사람은 홍차를 좋아하지 않는다.
- 웃음이 많은 사람은 식욕이 좋다.

① 식욕이 좋지 않은 사람은 배가 아프다.
② 배가 아프지 않은 사람은 웃음이 많다.
③ 배가 아픈 사람은 홍차를 좋아한다.
④ 홍차를 좋아하는 사람은 웃음이 많지 않다.

❙25~26❙ 다음은 C공공기관의 휴가 규정이다. 이를 보고 이어지는 물음에 답하시오.

휴가종류		휴가사유	휴가일수
연가		정신적, 육체적 휴식 및 사생활 편의	재직기간에 따라 3~21일
병가		질병 또는 부상으로 직무를 수행할 수 없거나 전염병으로 다른 직원의 건강에 영향을 미칠 우려가 있을 경우	− 일반병가 : 60일 이내 − 공적병가 : 180일 이내
공가		징병검사, 동원훈련, 투표, 건강검진, 헌혈, 천재지변, 단체교섭 등	공가 목적에 직접 필요한 시간
특별휴가	경조사 휴가	결혼, 배우자 출산, 입양, 사망 등 경조사	대상에 따라 1~20일
	출산 휴가	임신 또는 출산 직원	출산 전후 총 90일(한 번에 두 자녀 출산 시 120일)
	여성보건 휴가	매 생리기 및 임신한 여직원의 검진	매월 1일
	육아시간 및 모성보호시간 휴가	생후 1년 미만 유아를 가진 여직원 및 임신 직원	1일 1~2시간
	유산·사산 휴가	유산 또는 사산한 경우	임신기간에 따라 5~90일
	불임치료 휴가	불임치료 시술을 받는 직원	1일
	수업 휴가	한국방송통신대학에 재학 중인 직원 중 연가일수를 초과하여 출석 수업에 참석 시	연가일수를 초과하는 출석수업 일수
	재해 구호 휴가	풍수해, 화재 등 재해피해 직원 및 재해지역 자원봉사 직원	5일 이내
	성과우수자 휴가	직무수행에 탁월한 성과를 거둔 직원	5일 이내
	장기재직 휴가	10~19년, 20~29년, 30년 이상 재직자	10~20일
	자녀 입대 휴가	군 입대 자녀를 둔 직원	입대 당일 1일
	자녀 돌봄 휴가	어린이집~고등학교 재학 자녀를 둔 직원	2일 (3자녀인 경우 3일)

※ 휴가일수의 계산
- 연가, 병가, 공가 및 특별휴가 등의 휴가일수는 휴가 종류별로 따로 계산
- 반일연가 등의 계산

－반일연가는 14시를 기준으로 오전, 오후로 사용, 1회 사용을 4시간으로 계산
－반일연가 2회는 연가 1일로 계산
－지각, 조퇴, 외출 및 반일연가는 별도 구분 없이 계산, 누계 8시간을 연가 1일로 계산하고, 8시간 미만의 잔여시간은 연가일수 미산입

25 다음 중 위의 휴가 규정에 대한 올바른 설명이 아닌 것은?

① 출산휴가와 육아시간 및 모성보호시간 휴가는 출산한 여성이 사용할 수 있는 휴가다.

② 15세 이상 자녀가 있는 경우에도 자녀를 돌보기 위하여 휴가를 사용할 수 있다.

③ 재직기간에 따라 휴가 일수가 달라지는 휴가 종류는 연가 밖에 없다.

④ 징병검사나 동원훈련에 따른 휴가 일수는 정해져 있지 않다.

26 C공공기관에 근무하는 T대리는 지난 1년간 다음과 같은 근무 기록을 가지고 있다. 다음 기록만을 참고할 때, T대리의 연가 사용 일수에 대한 올바른 설명은?

T대리는 지난 1년간 개인적인 용도로 외출 16시간을 사용하였다. 또한, 반일연가 사용횟수는 없으며, 인사기록지에는 조퇴가 9시간, 지각이 5시간이 각각 기록되어 있다.

① 연가를 4일 사용하였다.

② 연가를 4일 사용하였으며, 외출이 1시간 추가되면 연가일수가 5일이 된다.

③ 연가를 3일 사용하였다.

④ 연가를 3일 사용하였으며, 외출이 2시간 추가되어도 연가 일수가 추가되지 않는다.

27 甲국의 사회보장급여 실시를 위한 자산조사 제출서류 목록은 다음과 같다. 다음 목록을 보고 판단한 내용 중 적절하지 않은 것은?

제출 목적	제출 서류	비고
가구원 및 부양 의무자 확인	• 실종 등의 신고접수서 등	• 행방불명자는 보장가구에서 제외 ※ 전산 확인이 가능한 군복무확인서, 재소증명서, 출입국사실증명서, 외국인등록사실증명서는 제외
소득확인	• 고용 · 임금확인서 • 월급명세서	• 근로소득 파악
	• 건강보험자격득실확인서 • 퇴직증명서	• 취업 · 퇴직사실 확인
	• 소득금액증명원 • 휴 · 폐업 확인서	• 사업자 소득 파악 ※ 사업자등록증 전산 확인 가능
	• 어종별 출하량 및 수입 자료	• 어업소득 파악
	• 임산물 유통기관 판매기록	• 임업소득 파악
	• 임대차계약서	• 임대소득 파악(건물 · 상가, 본인 거주 외 주택 등이 조회 된 경우)
	• 무료임대확인서	• 사적이전소득 파악 • 주거급여 대상 확인
	• 진단서 · 의료비 영수증 • 입학금 · 수업료 납입고지서 등	• 소득평가액 산정 시 가구특성 지출비용으로 실제소득에서 차감처리
	• 지출실태조사표 • 근로활동 및 소득신고서	• 소득파악 곤란자에 대한 소득파악
	• 일용근로소득 사실확인서	• 국세청 일용근로소득 지급명세서(분기별 신고 자료)가 사실과 다름을 주장하는 경우, 확인조사 지침에 따라 적용
재산확인	• 임대차계약서(전 · 월세 계약서) ※ 전세권설정등기 또는 확정일자를 받은 계약서	• 임차보증금 파악
부채	• 법원 판결문, 화해 · 조정조서	• 개인 간 사채 확인
	• 임대차계약서	• 임대보증금
근로능력 판정	• 근로능력 평가용 진단서 • 진료기록부 사본(최근 2개월분)	• 근로능력 판정
급여계좌 확인	• 통장사본	• 지급계좌 등록 및 실명 확인

① "재소증명서가 있는 수감자의 경우는 실종 등으로 인한 행방불명자와 다른 지위를 갖게 되는군."

② "취업이나 퇴직을 확인하기 위한 서류는 취업·퇴직증명서만 있는 게 아니로군."

③ "임대차계약서는 임대소득을 확인하기 위한 서류니까 무주택 월세 거주자인 경우엔 임대차계약서를 제출하지 않아도 되겠구나."

④ "일용직은 근로소득 증빙이 매월 신고 되지 않아 소득확인이 한두 달 지연될 수도 있겠네."

28 다음에 제시되는 명제들을 통해 추론할 수 있는 명제로 올바른 것은?

- 어떤 야구선수는 회식을 좋아한다.
- 안경을 낀 모든 사람은 여행을 좋아한다.
- 어떤 야구선수는 여행을 좋아하지 않는다.

① 안경을 끼지 않은 야구선수는 모두 여행을 좋아한다.

② 여행을 좋아하지 않지만 안경을 끼고 있는 야구선수도 있다.

③ 안경을 낀 야구선수는 모두 여행을 좋아한다.

④ 여행을 좋아하는 사람은 모두 야구선수이다.

29 다음 자료를 읽고 2013년 '갑'국의 경제 상황을 2012년과 적절하게 비교한 설명을 〈보기〉에서 모두 고른 것은 어느 것인가?

'갑'국에서는 은퇴 생활자들이 이자 소득만으로 소비 생활을 영위하고 있다. '갑'국 경제의 2012년 이자율은 6%였고, 물가 상승률은 3%였다. 2013년에 이자율은 7%로, 물가 상승률은 3.5%로 상승하였다.

〈보기〉
(가) 기업들의 투자는 증가하였을 것이다.
(나) 기업들의 투자는 감소하였을 것이다.
(다) 은퇴 생활자의 이자 소득은 명목 가치로도 증가하였고, 실질 가치로도 증가하였을 것이다.
(라) 은퇴 생활자의 이자 소득은 명목 가치로는 증가하였지만, 실질 가치로는 감소하였을 것이다.
(마) 은퇴 생활자의 이자 소득은 명목 가치로는 증가하였지만, 실질 가치로는 변화가 없었을 것이다.

① (가), (다) ② (가), (라)
③ (나), (다) ④ (나), (라)

30 S정보통신에 입사한 당신은 시스템 모니터링 업무를 담당하게 되었다. 다음의 시스템 매뉴얼을 확인한 후 제시된 상황에서 적절한 입력코드를 고르면?

〈S정보통신 시스템 매뉴얼〉
❏ 항목 및 세부사항

항목	세부사항
Index@@ of Folder@@	• 오류 문자 : Index 뒤에 나타나는 문자 • 오류 발생 위치 : Folder 뒤에 나타나는 문자
Error Value	• 오류 문자와 오류 발생 위치를 의미하는 문자에 사용된 알파벳을 비교하여 오류 문자 중 오류 발생 위치의 문자와 일치하지 않는 알파벳의 개수 확인
Final Code	• Error Value를 통하여 시스템 상태 판단

❏ 판단 기준 및 처리코드(Final Code)

판단 기준	처리코드
일치하지 않는 알파벳의 개수 = 0	Qfgkdn
0 < 일치하지 않는 알파벳의 개수 ≤ 3	Wxmt
3 < 일치하지 않는 알파벳의 개수 ≤ 5	Atnih
5 < 일치하지 않는 알파벳의 개수 ≤ 7	Olyuz
7 < 일치하지 않는 알파벳의 개수 ≤ 10	Cenghk

〈상황〉
System is processing requests...
System Code is X.
Run...

Error Found!
Index GHWDYC of Folder APPCOMPAT

Final Code? _____

① Qfgkdn ② Wxmt
③ Atnih ④ Olyuz

31 다음 두 개의 명제를 통해 얻을 수 있는 결론으로 올바른 것은?

> • 후원 행사에 참석한 모든 사람은 후원금을 냈다.
> • 부유한 어떤 사람은 후원금을 내지 않았다.

① 부유하지 않은 모든 사람은 후원 행사에 참석하였다.

② 부유한 어떤 사람은 후원 행사에 참석하지 않았다.

③ 부유한 모든 사람은 후원금을 냈다.

④ 후원 행사에 참석한 모든 사람은 부유하다.

32 다음 중 '유틸리티 프로그램'으로 볼 수 없는 것은?

① 고객 관리 프로그램

② 화면 캡처 프로그램

③ 이미지 뷰어 프로그램

④ 동영상 재생 프로그램

33 다음 ㈎~㈐ 중 '인쇄 미리 보기'와 출력에 대한 옳지 않은 설명을 모두 고른 것은?

> ㈎ '인쇄 미리 보기'를 실행한 상태에서 '페이지 설정'을 클릭하여 '여백' 탭에서 여백을 조절할 수 있다.
> ㈏ '인쇄 미리 보기' 창에서 셀 너비를 조절할 수 있으나 워크시트에는 변경된 너비가 적용되지 않는다.
> ㈐ 엑셀에서 그림을 시트 배경으로 사용하면 화면에 표시된 형태로 시트 배경이 인쇄된다.
> ㈑ 차트를 선택하고 '인쇄 미리 보기'를 하면 차트만 보여 준다.
> ㈒ 차트를 클릭한 후 'Office 단추' – '인쇄'를 선택하면 '인쇄' 대화 상자의 인쇄 대상이 '선택한 차트'로 지정된다.

① ㈎, ㈏, ㈑

② ㈏, ㈑, ㈒

③ ㈏, ㈒

④ ㈏, ㈐

34 다음에서 설명하고 있는 운영체제의 특징으로 옳지 않은 것은?

> 마이크로소프트에서 개발한 컴퓨터 운영체제다. 키보드로 문자를 일일이 입력해 작업을 수행하는 명령어 인터페이스 대신, 마우스로 아이콘 및 메뉴 등을 클릭해 명령하는 그래픽 사용자 인터페이스를 지원해 멀티태스킹(다중 작업) 능력과 사용자 편의성이 탁월하다.

① OLE(개체 연결 및 포함) 기능을 지원한다.

② 단일 사용자의 다중작업이 가능하다.

③ 사용자가 원하는 대로 특정 기능을 추가할 수 있다.

④ 용도에 따라 크게 개인용, 기업용, 임베디드용으로 나뉜다.

35 다음 파일/폴더에 관한 특징 중, 올바른 설명을 모두 고른 것은?

> ㈎ 파일은 쉼표(,)를 이용하여 파일명과 확장자를 구분한다.
> ㈏ 폴더는 일반 항목, 문서, 사진, 음악, 비디오 등의 유형을 선택하여 각 유형에 최적화된 폴더로 사용할 수 있다.
> ㈐ 파일/폴더는 새로 만들기, 이름 바꾸기, 삭제, 복사 등이 가능하며, 파일이 포함된 폴더도 삭제할 수 있다.
> ㈑ 파일/폴더의 이름에는 ₩, /, :, *, ?, ", <, > 등의 문자는 사용할 수 없으며, 255자 이내로(공백 미포함) 작성할 수 있다.
> ㈒ 하나의 폴더 내에 같은 이름의 파일이나 폴더가 존재할 수 없다.
> ㈓ 폴더의 '속성' 창에서 해당 폴더에 포함된 파일과 폴더의 개수를 확인할 수 있다.

① ㈏, ㈐, ㈑, ㈒

② ㈎, ㈑, ㈒, ㈓

③ ㈏, ㈐, ㈒, ㈓

④ ㈎, ㈏, ㈑, ㈒

36 다음의 알고리즘에서 인쇄되는 S는?

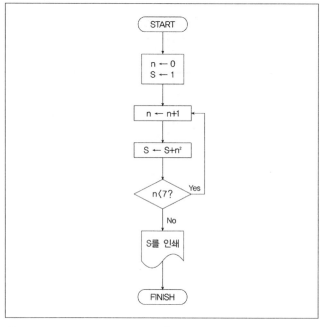

① 137   ② 139

③ 141   ④ 143

37 터미널노드는 자식이 없는 노드를 말한다. 다음 트리에서 터미널노드 수는?

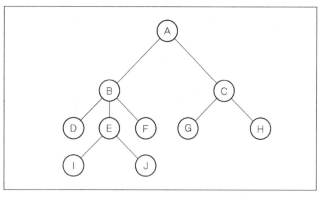

① 5   ② 6

③ 7   ④ 8

38 다음과 같은 도표의 C6 셀에 제시된 바와 같은 수식을 넣을 경우 나타나게 될 오류 메시지는 다음 중 어느 것인가?

	A	B	C
1	직급	이름	수당(원)
2	과장	홍길동	750,000
3	대리	조길동	600,000
4	차장	이길동	830,000
5	사원	박길동	470,000
6	합계		=SUM(C2:C6)

① #NUM!

② #VALUE!

③ #DIV/0!

④ 순환 참조 경고

39 PC 보안을 설정하기 위한 다음의 방법 중 적절하지 않은 것은 어느 것인가?

① 일정 시간을 정하여 화면 보호기를 설정해 둔다.

② 불필요한 공유 폴더의 사용을 금지한다.

③ 정품이 아닌 윈도우 소프트웨어 사용 시 정기적인 업데이트를 반드시 실시한다.

④ 허가하지 않은 인터넷 연결이나 공유 폴더 접근을 차단하는 PC 방화벽을 설정한다.

40 다음에 제시된 사례 중, 인터넷의 역기능으로 보기 어려운 것은 어느 것인가?

① 수신된 이메일을 무심코 열어 본 K씨는 원치 않는 음란 사이트로 연결되어 공공장소에서 당혹스러운 일을 겪은 적이 있다.

② H씨는 증권 거래 사이트가 갑자기 마비되어 큰돈이 묶이게 된 상황을 경험한 적이 있다.

③ 인터넷 뱅킹을 자주 이용하는 M씨는 OTP발생기를 가지고 오지 않아 여행지에서 꼭 필요한 송금을 하지 못한 적이 있다.

④ L씨는 유명한 게임 사이트에 접속하였다가 입에 담기도 힘든 욕설을 듣고 불쾌함을 느낀 적이 있다.

▌41~45▌ 다음 물류 창고 책임자와 각 창고 내 재고상품의 코드 목록을 보고 이어지는 질문에 답하시오.

책임자	재고상품 코드번호	책임자	재고상품 코드번호
정보연	2008011F033321754	심현지	2001052G099918513
이규리	2011054L066610351	김준후	2002121D011120789
김원희	2006128T055511682	유연석	2013016Q044412578
이동성	2009060B022220123	강희철	2012064L100010351
신병임	2015039V100029785	송지혜	2016087S088824567

[재고상품 코드번호 예시]

2016년 11월에 4,586번째로 입고된 경기도 戊출판사에서 발행한 「소형선박조종사 자격증 한 번에 따기」 도서 코드

2016111E055524586

201611	1E	05552	4586
입고연월	지역코드 + 고유번호	분류코드 + 고유번호	입고순서

입고연월	발행 출판사		도서 종류		
	지역코드	고유번호	분류코드		고유번호
	0 서울	A 甲출판사	01 가정·살림	111	임신/출산
		B 乙출판사		112	육아
	1 경기도	C 丙출판사	02 건강·취미	221	다이어트
		D 丁출판사		222	스포츠
		E 戊출판사	03 경제·경영	331	마케팅
		F 己출판사		332	재테크
•200611 –2006년 11월	2 강원도	G 庚출판사		333	CEO
		H 辛출판사	04 대학교재	441	경상계열
•201007 –2010년 7월	3 충청남도	I 壬출판사		442	공학계열
		J 癸출판사	05 수험·자격	551	공무원
	4 충청북도	K 子출판사		552	자격증
•201403 –2014년 3월		L 丑출판사	06 어린이	661	예비 초등
	5 경상남도	M 寅출판사		662	초등
		N 卯출판사	07 자연과학	771	나노과학
		O 辰출판사		772	생명과학
	6 경상북도	P 巳출판사		773	뇌과학
		Q 午출판사	08 예술	881	미술
	7 전라남도	R 未출판사		882	음악
		S 申출판사	09 여행	991	국내여행
	8 전라북도	T 酉출판사		991	해외여행
		U 戊출판사	10 IT·모바일	001	게임
	9 제주도	V 亥출판사		002	웹사이트

41 재고상품 중 2010년도에 8,491번째로 입고된 충청남도 癸출판사에서 발행한 「뇌과학 첫걸음」 도서의 코드로 알맞은 것은 무엇인가?

① 2010113J077718491

② 2010093J077738491

③ 2010083I077738491

④ 2011123J077738491

42 다음 중 발행 출판사와 입고순서가 동일한 도서를 담당하는 책임자들로 짝지어진 것은?

① 정보연 – 김준후

② 이규리 – 강희철

③ 이동성 – 송지혜

④ 심현지 – 유연석

43 다음 중 예술 분야의 음악 도서 재고를 담당하는 책임자는 누구인가?

① 이규리 ② 신동임

③ 유연석 ④ 송지혜

44 코드번호가 2009116P033326748인 도서에 대한 설명으로 옳지 않은 것은?

① 2009년 11월에 입고된 도서이다.

② 경상북도 巳출판사에서 발행한 도서이다.

③ 경제·경영 분야 마케팅에 관련된 도서이다.

④ 입고순서는 6,748번째이다.

45 물류창고 총 책임자는 2010년도 이전에 입고된 도서의 재고를 모두 폐기하기로 결정하고 담당자들에게 해당 도서에 대한 폐기 지시를 내렸다. 다음 중 총 책임자의 지시를 받지 않은 사람은?

① 정보연 ② 이동성

③ 심현지 ④ 강희철

| 46~47 | 다음은 상태 계기판에 관한 내용이다. 물음에 답하시오.

〈조건〉
㉠ 월요일, 수요일은 정기검침 일이다.
㉡ 정기검침 일에는 PSD CODE의 절반 값을 적용한다.
㉢ 첫 번째 계기판 눈금이 (+)에 위치할 경우, 가장 오른쪽 숫자는 고려하지 않는다.
㉣ Serial Mode : 2개 또는 3개의 총합
㉤ Parallel Mode : 2개 또는 3개의 평균값

〈표〉

허용 범위	알림
$X \leq PSD\ CODE$	안전
$PSD\ CODE < X \leq PSD\ CODE+2$	경계
$X > PSD\ CODE+2$	경고

㉠ 안전 : 그대로 둔다.
㉡ 경계
 • Serial Mode : 빨간 버튼을 누른다.
 • Parallel Mode : 파란 버튼을 누른다.
㉢ 경고 : 두 버튼을 모두 누른다.

46

3월 5일 수요일
PSD CODE : 8
Mode : Parallel

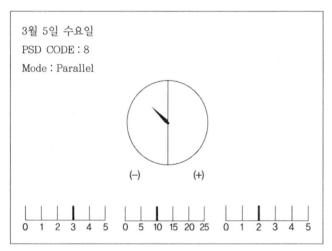

① 그대로 둔다.
② 빨간 버튼을 누른다.
③ 파란 버튼을 누른다.
④ 두 버튼을 모두 누른다.

47

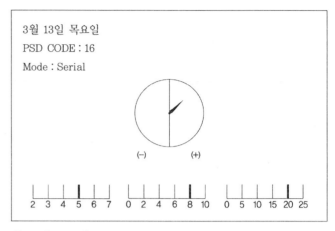

3월 13일 목요일
PSD CODE : 16
Mode : Serial

① 그대로 둔다.
② 빨간 버튼을 누른다.
③ 파란 버튼을 누른다.
④ 두 버튼을 모두 누른다.

| 48~50 | 다음 표를 참고하여 질문에 답하시오.

스위치	기능
☆	1번, 2번 기계를 180° 회전함
★	1번, 3번 기계를 180° 회전함
◇	2번, 3번 기계를 180° 회전함
◆	2번, 4번 기계를 180° 회전함
◐	1번, 3번 기계의 작동상태를 바꿈(동작→정지, 정지→동작)
◑	2번, 4번 기계의 작동상태를 바꿈
○	모든 기계의 작동상태를 바꿈

△숫자 : 동작, ▲숫자 : 정지

48 처음 상태에서 스위치를 세 번 눌렀더니 다음과 같이 바뀌었다. 어떤 스위치를 눌렀는가?

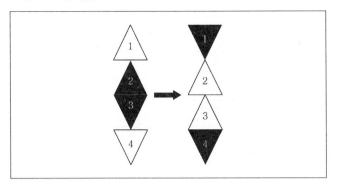

① ★, ◑, ◑
② ★, ◇, ◑
③ ◇, ◑, ◖
④ ◇, ◆, ○

49 처음 상태에서 스위치를 세 번 눌렀더니 다음과 같이 바뀌었다. 어떤 스위치를 눌렀는가?

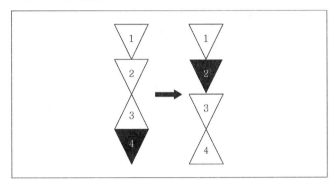

① ☆, ★, ◑
② ☆, ★, ◑
③ ◇, ◆, ◑
④ ◇, ◆, ◑

50 처음 상태에서 스위치를 세 번 눌렀더니 다음과 같이 바뀌었다. 어떤 스위치를 눌렀는가?

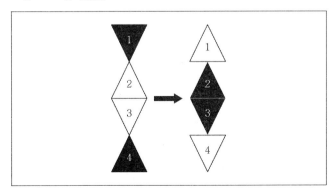

① ☆, ◑, ◑
② ★, ◇, ○
③ ★, ◑, ◖
④ ☆, ◆, ○

❚ 51~55 ❚ 아래 〈보기〉는 그래프 구성 명령어 실행 예시이다. 〈보기〉를 참고하여 다음 물음에 답하시오.

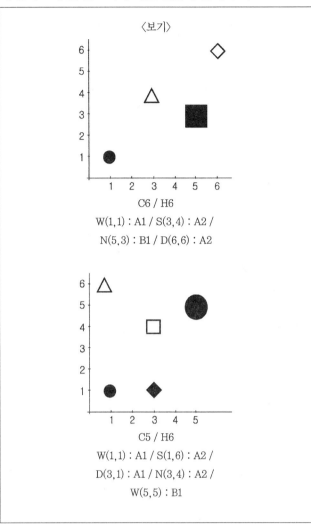

〈보기〉

C6 / H6
W(1,1) : A1 / S(3,4) : A2 /
N(5,3) : B1 / D(6,6) : A2

C5 / H6
W(1,1) : A1 / S(1,6) : A2 /
D(3,1) : A1 / N(3,4) : A2 /
W(5,5) : B1

51 다음 그래프에 알맞은 명령어는 무엇인가?

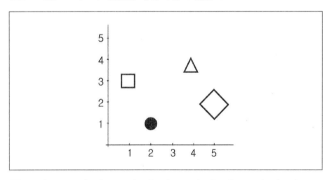

① C4 / H5   N(1,2) : A2 / W(2,1) : A1 / S(4,4) : A2 / D(5,2) : B1
② C5 / H4   N(1,3) : A2 / W(2,2) : A1 / S(4,4) : A2 / D(5,2) : B2
③ C5 / H5   N(1,2) : A2 / W(2,1) : A1 / S(4,4) : A1 / D(5,2) : B2
④ C5 / H5   N(1,3) : A2 / W(2,1) : A1 / S(4,4) : A2 / D(5,2) : B2

52 다음 그래프에 알맞은 명령어는 무엇인가?

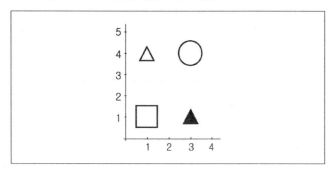

① C4 / H5   N(1,1) : B2 / S(4,4) : A2 / S(3,1) : A1 / W(3,4) : B2

② C4 / H5   N(1,1) : B2 / S(1,4) : A2 / S(3,1) : A1 / W(3,4) : B2

③ C5 / H4   N(1,1) : B2 / S(1,4) : A2 / S(3,1) : A2 / W(3,4) : B2

④ C5 / H4   N(1,1) : B2 / S(4,4) : A2 / S(3,1) : A1 / W(3,4) : B1

53 다음 명령어에 알맞은 그래프는 무엇인가?

C6 / H5   D(1,5) : B1 / S(2,4) : A2 / N(3,1) : A1

①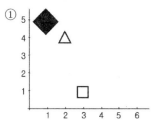

②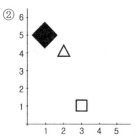

③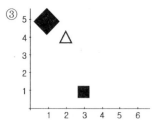

④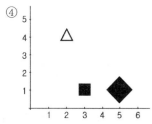

54 다음 명령어에 알맞은 그래프는 무엇인가?

C4 / H3   N(2,1) : A2 / W(2,3) : A1 / N(3,1) : A1 / D(4,3) : B1

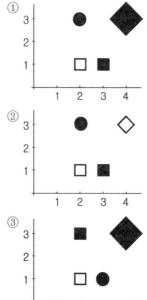

55 다음 명령어의 그래프를 산출할 때, 오류가 발생하여 〈보기〉와 같은 그래프가 산출되었다. 다음 중 오류가 발생한 값은?

〈명령어〉
C5 / H5
W(1,2) : A2 / S(3,3) : A1 / N(5,1) : B2 / D(5,3) : A2
〈보기〉

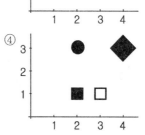

① W(1,2) : A2   ② S(3,3) : A1

③ N(5,1) : B2   ④ D(5,3) : A2

▌56~60 ▌ 다음은 의류 건조기 설명서이다. 물음에 답하시오.

1. 제품규격

모델명	JDS-5362
종류	전기 건조기
중량	98.0kg
전원	단상교류 220V/60Hz
소비전력	1700W
외형치수	445 × 615 × 1850

2. 설치하기

(1) 설치 및 장소 정하기

① 설치할 장소를 선택해 주세요.

㉠ 주위와 적당한 간격을 유지해서 설치하세요.

- 윗면 20cm, 좌우 옆면 5cm, 뒷면 5cm 이상 간격을 두고 설치하세요.
- 주위와 제품의 간격이 너무 좁아서 통풍이 잘 되지 않으면 성능이 떨어지며, 제품 외벽에 물기가 생겨 제품이 원활하게 동작되지 않을 수 있습니다.

㉡ 햇볕이 내리쬐는 곳, 열기가 많은 곳, 지나치게 추운 곳은 피해주세요.

- 주변의 온도가 10℃ 이상 35℃ 이하인 곳에 설치하세요.
- 설치장소의 온도가 너무 높거나 낮으면 오동작하거나 성능이 저하될 수 있습니다.
- 온도가 영하로 내려갈 우려가 있는 곳에는 설치하지 마세요. (전자 제어 부품의 신뢰성이 감소될 수 있고, 성능이 떨어집니다.)

② 설치할 곳 바닥면의 수평을 확인 후 수평 조절 다리로 높낮이를 맞춰주세요.

㉠ 제품 전면, 좌우 모서리 부분을 누르거나 제품에 흔들림이 있으면 제품의 다리 높이를 조절하세요.

㉡ 2개의 다리와 바닥면이 맞닿아 제품이 흔들리지 않아야 합니다.

※ 수평이 아닌 경우

- 2개의 수평 조절 다리 중 높거나 낮은 쪽의 수평 조절 다리를 돌려 수평을 맞춰주세요.
- 수평 조절 다리를 시계방향으로 돌리면 높아지고, 반시계방향으로 돌리면 낮아집니다.

※ 제품 뒤쪽 수평이 맞지 않을 때는 제품 뒤쪽의 낮은 부분을 딱딱한 물체(책받침, 자 등)로 괸 다음, 테이프로 고정하고 제품을 밀어 넣어 수평을 맞추세요.

(2) 문 열림 방향 변경하기

① 문 열림 방향 변경이 필요할 경우에는 가까운 서비스센터에 문의하세요.

② 임의로 변경 시에는 신체 부상이나 제품 고장의 원인이 될 수 있으니 주의하세요.

(3) 접지하기

① 전기 누전이나 감전사고 방지를 위해 접지해 주세요.

② 콘센트에 접지단자가 있더라도 접지단자 내부 배선이 연결되어 있지 않을 때는, 반드시 별도 접지를 해야 합니다.

③ 콘센트에 접지단자가 없는 경우 접지선과 스크류를 삼성전자 서비스센터에서 구입하여 제품 뒷면의 접지단자에 연결한 후 벽의 접지단자에 연결하거나 땅 속(깊이 75cm 이상)에 구리판을 묻은 후 제품과 연결하여 접지해 주세요.

(4) 이동 시 주의사항

① 실내에서 설치 장소를 이동할 때는 반드시 제품 바닥에 있는 바퀴를 이용하여 서 있는 상태를 유지하면서 옮기세요.

② 이동 시에는 제품 앞의 중간 지점을 두 손으로 천천히 밀어 이동하세요.

③ 이사나 제품 위치 이동 시 제품을 기울일 경우 제품 내부에 남은 물이 넘칠 수 있으니 서비스를 통해 제품 내부의 잔수를 제거하시기 바랍니다.

(5) 설치 후 주의사항

설치가 완료되면 약 2시간 후에 제품을 사용하세요.

3. 고장신고 전 확인하기

증상	확인/조치
문을 열면 연기가 나와요.	• 동작 중에 문을 열었나요? −코스의 동작에 따라 발생되는 스팀이 연기로 보일 수 있습니다. 고장이 아닙니다.
물보충통을 가득 채우고 한 번 사용했는데 물통에 물이 없어졌어요.	• 처음 제품을 동작 하셨나요? −처음 제품을 사용할 때는 제품 내에 저장된 물이 없기 때문에 많은 물이 필요합니다. 두 번째 사용부터는 물 사용량이 줄어듭니다.
제품 동작 시간이 계속 늘어나요.	• 젖은 의류를 넣으셨나요? −과도하게 젖은 의류는 건조시간이 길어질 수 있습니다. 탈수 후 의류를 넣어주세요. 의류의 양과 젖은 정도에 따라 건조시간이 길어질 수 있습니다.
동작 중 '우웅~' 하는 소리가 나요.	• 운전 도중에 소리가 났나요? −동작 중 건조를 하기 위해 냉장고처럼 컴프레서가 돌아가는 소리입니다. 고장이 아니니 안심하고 사용하세요. 소리가 더 심해지면 서비스센터 또는 대리점에 문의하세요.

동작 중 '윙~' 하는 소리가 나요.	• 운전 도중에 소리가 났나요? - 건조를 위하여 공기를 순환하는 소리입니다. 고장이 아니니 안심하고 사용하세요. 소리가 더 심해지면 서비스센터 또는 대리점에 문의하세요.	
동작 중 '보글보글' 물 끓는 소리와 '쉬~' 하는 소리가 나요.	• 운전 도중에 소리가 났나요? - 스팀을 만들기 위하여 물을 끓이고 스팀을 분사하는 소리입니다. 고장이 아니니 안심하고 사용하세요. 소리가 더 심해지면 서비스센터 또는 대리점에 문의하세요.	
동작 중 '칙~' 하는 소리가 나요.	• 운전 도중에 소리가 났나요? - 의류 건조 후 발생된 물을 배수하기 위해 펌프가 작동하는 소리입니다. 고장이 아니니 안심하고 사용하세요. 소리가 더 심해지면 서비스센터 또는 대리점에 문의하세요.	
동작 중 물 흐르는 소리가 나요.	• 운전 도중에 소리가 났나요? - 스팀을 만들기 위해 물을 채우는 소리입니다. 고장이 아니니 안심하고 사용하세요. • 문을 열 때 소리가 났나요? - 물보충통의 남은 물을 비우는 소리입니다. 고장이 아니니 안심하고 사용하세요.	
도어 부근에서 증기나 바람이 나와요.	• 의류의 소매부분이 제품에 끼여 있지 않나요? - 제품에 끼인 의류를 집어넣고 다시 동작시켜 주세요.	
전원이 들어오지 않아요.	• 제품의 전원 버튼을 눌렀나요? - 전원 버튼을 눌러주세요. • 전원 플러그가 빠지지 않았나요? - 전원플러그를 끼워주세요. • 누전차단기가 OFF로 되어 있지 않나요? - 누전차단기를 ON으로 하세요. • 110V 전원에 연결하지 않았나요? - 본 제품은 220V 전용입니다.	
터치패널 동작이 안돼요.	• 전원은 켜졌는데, 버튼이 반응하지 않나요? - 전원 코드를 연결하고 10초 뒤부터 터치 버튼이 동작합니다. 터치 버튼에 이물질이 묻어 있지는 않은지 확인하세요. 그래도 제대로 동작하지 않는다면 서비스센터 또는 대리점에 문의하세요.	
동작이 되지 않아요.	• 문을 닫고 동작/일시정지 버튼을 눌렀나요? - 동작/일시정지 버튼을 눌러주세요. • 물을 받거나 끓이고 있는 중이지 않나요? - 스팀을 발생하기 위한 준비 중이니 잠시만 기다려 주세요. • 어린이 보호 기능을 설정하셨나요? - 어린이 보호 기능을 해제하고 동작/일시정지 버튼을 눌러주세요.	

의류가 축축하게 젖어 있어요.	• 보푸라기 필터가 막혀 있거나, 보푸라기 필터 덮개가 거꾸로 놓여 있지 않나요? - 보푸라기 필터를 청소해 주세요. - 보푸라기 필터 덮개를 정방향으로 놓아주세요. • 문에 부착된 고무 재질에 찢어진 부분이 있거나, 문 틈에 의류가 끼어 있나요? - 문에 틈이 발생하여 건조 성능이 떨어져서 생긴 문제입니다. 고무 재질이 찢어진 경우 전원플러그를 뽑은 후 서비스센터 또는 대리점에 문의하세요.
냄새가 제거되지 않아요.	• 옷장에 오래 보관된 의류나 찌든 냄새가 나는 물질이 묻은 의류를 사용하셨나요? - 옷장에 오래 보관된 의류나 찌든 냄새가 나는 물질이 묻은 의류는 사용 전에 한 번 세탁하여 사용해 주세요. • 기름 성분이 의류에 직접적으로 강하게 오염된 의류의 경우 세탁하여 사용해 주세요. • 패딩과 같은 부피가 큰 의류는 냄새 제거가 원활하지 않을 수 있습니다. 한 벌 사용을 권장하고 필요에 따라 추가 행정 사용해 주세요.
같이 넣은 옷 냄새가 다른 옷에 배었어요.	• 냄새가 심한 옷을 여러 벌 사용하셨나요? - 냄새가 심한 옷은 세탁 후 사용을 권장합니다. - 냄새가 심한 옷을 케어하실 경우 단독 사용을 권장합니다.
구김이 잘 펴지지 않아요.	• 옷장이나 서랍장에 오래 보관된 의류를 사용하셨나요? - 오래 보관된 의류는 다리미로 한 번 다린 후에 사용하면 구김이 잘 제거됩니다.
의류에서 좋지 않은 냄새가 나요.	• 제품을 사용한 지 오래됐거나 물보충/물비움통에 이물질이 있지 않나요? - 보푸라기 필터와 물통을 청소해 주세요.
소음이 심하게 나요.	• 동작 중에 계속 소음이 났나요? - 제품이 동작하면서 소리가 날 수 있습니다. 계속해서 소음이 발생한다면 전원 플러그를 뽑은 후 서비스센터 또는 대리점에 문의하세요.
제품이 좌우로 흔들거려요.	• 제품을 바닥이 평평한 곳에 설치하셨나요? - 제품을 평평한 곳에 설치해 주세요.
기타 동작이 되지 않아요.	• 물보충통에 섬유 유연제와 같은 물 이외의 액체를 넣으셨나요? - 물 이외에 다른 액체를 사용하면 동작에 이상이 생길 수 있습니다. 서비스센터 또는 대리점에 문의하세요.

56 다음 중 건조기를 설치하기에 적절한 주변 온도가 아닌 것은?

① 5℃

② 15℃

③ 25℃

④ 35℃

57 다음 중 건조기 전면, 좌우 모서리 부분을 누르거나 제품에 흔들림이 있는 경우 가장 적절한 해결 방법은?

① 수평 조절 다리 중 높거나 낮은 쪽의 수평 조절 다리를 조절한다.

② 윗면 20cm, 좌우 옆면 5cm, 뒷면 5cm 이상 간격을 두고 설치한다.

③ 접지선과 스크류를 제품 뒷면의 접지단자에 연결한다.

④ 제품 내부에 남은 잔수를 제거한다.

58 다음 중 건조기의 제품규격으로 옳지 않은 것은?

① 중량 : 98.0kg

② 전원 : 단상교류 220V/60Hz

③ 소비전력 : 1750W

④ 외형치수 : 445 × 615 × 1850

59 다음 빈칸에 들어갈 수 없는 값은?

> 콘센트에 접지단자가 없는 경우 접지선과 스크류를 삼성전자 서비스센터에서 구입하여 제품 뒷면의 접지단자에 연결한 후 벽의 접지단자에 연결하거나 땅 속 깊이 (　　　)cm에 구리판을 묻은 후 제품과 연결하여 접지해야 한다.

① 70   ② 80

③ 90   ④ 100

60 다음 중 전원이 들어오지 않는 경우 확인사항이 아닌 것은?

① 제품의 전원 버튼을 눌렀는지 확인한다.

② 전원 플러그가 빠져있는지 확인한다.

③ 누전차단기가 OFF로 되어있는지 확인한다.

④ 터치 버튼에 이물질이 묻어 있지 않은지 확인한다.

LX한국국토정보공사

직업기초능력 모의고사

제 2 회	영 역	수리능력, 문제해결능력, 정보능력, 기술능력
	문항수	60문항
	시 간	60분
	비 고	객관식 4지선다형

SEOWONGAK
(주)서원각

1 어떤 일을 하는데 정빈이는 18일, 수인이는 14일이 걸린다. 처음에는 정빈이 혼자서 3일 동안 일하고, 그 다음은 정빈이와 수인이가 같이 일을 하다가 마지막 하루는 수인이만 일하여 일을 끝냈다. 정빈이와 수인이가 같이 일한 기간은 며칠인가?

① 3일

② 4일

③ 5일

④ 6일

2 다음 표는 두 나라의 출산휴가와 육아휴가 최대 기간과 임금대체율에 대한 내용이다. 정상 주급이 60만 원을 받는 두 나라 여성이 각각 1월 1일(월)부터 출산휴가와 육아휴가를 최대한 사용할 경우, 첫 52주의 기간에 대하여 두 여성이 받게 되는 총임금의 차이는? (단, 육아휴가는 출산휴가 후 연이어 사용하며, 육아휴가를 사용한 후에는 바로 업무에 복휘하여 정상 주급을 받는다. 또한 임금대체율은 $\dfrac{\text{휴가기간의 주급}}{\text{정상 주급}} \times 100$으로 구한다)

구분	출산휴가		육아휴가	
	최대 기간	임금대체율	최대 기간	임금대체율
A국	15주	100%	52주	80%
B국	15주	60%	35주	50%

① 800만 원 초과 900만 원 이하

② 900만 원 초과 1,000만 원 이하

③ 1,000만 원 초과 1,100만 원 이하

④ 1,100만 원 초과 1,200만 원 이하

3 다음은 동석이의 7월 보수 지급 명세서이다. 이에 대한 설명으로 옳지 않은 것은?

〈보수 지급 명세서〉

(단위 : 원)

실수령액			
: ( )			
보수		공제	
보수항목	보수액	공제항목	공제액
봉급	( )	소득세	150,000
중요직무급	130,000	지방소득세	15,000
시간외수당	320,000	일반기여금	184,000
정액급식비	120,000	건강보험료	123,000
직급보조비	200,000	장기요양보험료	9,800
보수총액	( )	공제총액	( )

① 소득세는 지방소득세의 8배 이상이다.

② 소득세가 공제총액에서 차지하는 비율은 30% 이상이다.

③ 봉급이 193만 원 이라면 보수총액은 공제총액의 6배 이상이다.

④ 시간외수당은 정액급식비와 15만 원 이상 차이난다.

┃4~5┃ 다음 자료는 각국의 아프가니스탄 지원금 약속현황 및 집행현황을 나타낸 것이다. 물음에 답하시오.

(단위 : 백만 달러, %)

지원국	약속금액	집행금액	집행비율
미국	10,400	5,022	48.3
EU	1,721	(㉠)	62.4
세계은행	1,604	853	53.2
영국	1,455	1,266	87.0
일본	1,410	1,393	98.8
독일	1,226	768	62.6
캐나다	779	731	93.8
이탈리아	424	424	100.0
스페인	63	26	41.3

4 ㉠에 들어갈 값은 얼마인가?

① 647

② 840

③ 1,074

④ 1,348

5 위의 표에 대한 설명으로 옳지 않은 것은?

① 집행비율이 가장 높은 나라는 이탈리아이다.

② 50% 미만의 집행비율을 나타내는 나라는 2개국이다.

③ 집행금액이 두 번째로 많은 나라는 일본이다.

④ 집행비율이 가장 낮은 나라는 미국이다.

6 다음은 서원이가 매일하는 운동에 관한 기록지이다. 1회당 정문에서 후문을 왕복하여 달리는 운동을 할 때, 정문에서 후문까지의 거리 ㉠과 후문에서 정문으로 돌아오는데 걸린 시간 ㉡은? (단, 매회 달리는 속도는 일정하다고 가정한다.)

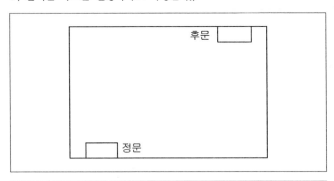

회차	속도		시간
1회	정문→후문	20m/초	5분
	후문→정문		
⋮			⋮
5회			70분

※ 총 5회 반복

※ 마지막 바퀴는 10분을 쉬고 출발

	㉠	㉡
①	6,000m	7분
②	5,000m	8분
③	4,000m	9분
④	3,000m	10분

7 다음은 H국의 연도별 청소기 매출에 관한 자료이다. 다음의 조건에 따를 때, 2002년과 2010년의 청소기 매출액의 차이는?

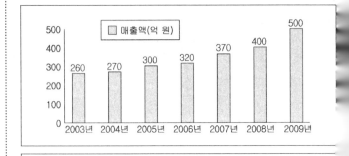

〈조건〉

㉠ 2006년 대비 2010년의 청소기 매출액 증가율은 62.5%

㉡ 2002년 대비 2004년의 청소기 매출액 감소율은 10%

① 190억 원

② 200억 원

③ 210억 원

④ 220억 원

8 다음은 연도별 ICT산업 생산규모 관한 자료이다. 다음 상황을 참고하여 ㈜에 들어갈 값으로 적절한 것은?

(단위 : 천억 원)

구분	연도	2005	2006	2007	2008
정보통신방송서비스	통신 서비스	37.4	38.7	40.4	42.7
	방송 서비스	8.2	9.0	9.7	9.3
	융합 서비스	3.5	(가)	4.9	6.0
	소계	49.1	(나)	55.0	58.0
정보통신방송기기	통신 기기	43.4	43.3	47.4	61.2
	정보 기기	14.5	(다)	(바)	9.8
	음향 기기	14.2	15.3	13.6	(사)
	소계	72.1	(라)	71.1	85.3
합계		121.2	(마)	126.1	143.3

〈상황〉
㉠ 2006년 융합서비스의 생산규모는 전년대비 1.2배가 증가하였다.
㉡ 2007년 정보기기의 생산규모는 전년대비 3천억 원이 감소하였다.

① 121.4 ② 122.8
③ 123.6 ④ 124.9

9 다음은 두 회사의 주가에 관한 자료이다. 다음 중 B사 주가의 최댓값과 주가지수의 최솟값은?

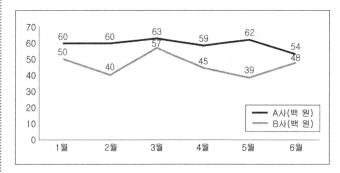

※ 주가지수 $= \dfrac{\text{해당 월 }A\text{사의 주가} + \text{해당 월 }B\text{사의 주가}}{1\text{월 }A\text{사의 주가} + 1\text{월 }B\text{사의 주가}} \times 100$

	B사 주가의 최댓값	주가지수의 최솟값
①	57	90.9
②	50	91.8
③	48	94.5
④	45	100.0

▌10~11▐ 다음은 S시의 시장선거에서 응답자의 종교별 후보지지 설문조사 결과이다. 물음에 답하시오.

후보	응답자의 종교	불교	개신교	가톨릭	기타	합계
A		130	(가)	60	300	( )
B		260	( )	30	350	740
C		( )	(나)	45	300	( )
D		65	40	15	( )	( )
계		650	400	150	1,000	2,200

※ (가)와 (나)의 응답자 수는 같다.
※ 후보는 4명이며, 복수응답 및 무응답은 없다.

10 다음 중 (가)와 (나)에 들어갈 수로 알맞은 것은?

① 100 ② 110
③ 120 ④ 130

11 다음 중 표에 대한 설명으로 옳은 것은?

① A후보 지지율이 C후보 지지율보다 높다.

② C후보 지지율과 D후보 지지율의 합은 B후보 지지율보다 높다.

③ A후보 지지자 중에는 개신교 신자가 불교 신자보다 많다.

④ 개신교 신자의 A후보 지지율은 가톨릭 신자의 C후보 지지율보다 낮다.

12 다음은 조선시대 한양의 조사시기별 가구수 및 인구수와 가구 구성비에 대한 자료이다. 이에 대한 설명 중 옳은 것만을 모두 고르면?

〈조사시기별 가구수 및 인구수〉

(단위 : 호, 명)

조사시기	가구수	인구수
1729년	1,480	11,790
1765년	7,210	57,330
1804년	8,670	68,930
1867년	27,360	144,140

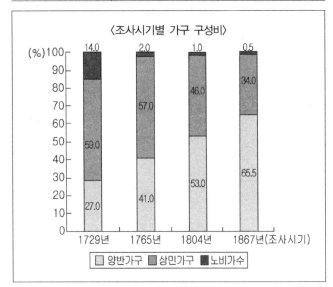

〈조사시기별 가구 구성비〉

□ 양반가구 ▨ 상민가구 ■ 노비가수

⊙ 1804년 대비 1867년의 가구당 인구수는 증가하였다.

ⓛ 1765년 상민가구 수는 1804년 양반가구 수보다 적다.

ⓒ 노비가구 수는 1804년이 1765년보다는 적고 1867년보다는 많다.

ⓔ 1729년 대비 1765년에 상민가구 구성비는 감소하였고 상민가구 수는 증가하였다.

① ⊙, ⓛ   ② ⊙, ⓒ

③ ⓛ, ⓔ   ④ ⊙, ⓒ, ⓔ

13 다음은 우리나라의 시·군 중 2016년 경지 면적, 논 면적, 밭 면적 상위 5개 시·군에 대한 자료이다. 이에 대한 설명 중 옳은 것을 모두 고르면?

(단위 : ha)

구분	순위	시·군	면적
경지 면적	1	해남군	35,369
	2	제주시	31,585
	3	서귀포시	31,271
	4	김제시	28,501
	5	서산시	27,285
논 면적	1	김제시	23,415
	2	해남군	23,042
	3	서산시	21,730
	4	당진시	21,726
	5	익산시	19,067
밭 면적	1	제주시	31,577
	2	서귀포시	31,246
	3	안동시	13,231
	4	해남군	12,327
	5	상주시	11,047

※ 경지 면적 = 논 면적 + 밭 면적

⊙ 해남군의 논 면적은 해남군 밭 면적의 2배 이상이다.

ⓛ 서귀포시의 논 면적은 제주시 논 면적보다 크다.

ⓒ 서산시의 밭 면적은 김제시 밭 면적보다 크다.

ⓔ 상주시의 밭 면적은 익산시 논 면적의 90% 이하이다.

① ⓛ, ⓒ   ② ⓛ, ⓔ

③ ⊙, ⓒ, ⓔ   ④ ⓛ, ⓒ, ⓔ

14 다음은 사원 6명의 A~E항목 평가 자료의 일부이다. 이에 대한 설명 중 옳은 것은?

(단위 : 점)

과목 사원	A	B	C	D	E	평균
김영희	( )	14	13	15	( )	( )
이민수	12	14	( )	10	14	13.0
박수민	10	12	9	( )	18	11.8
최은경	14	14	( )	17	( )	( )
정철민	( )	20	19	17	19	18.6
신상욱	10	( )	16	( )	16	( )
계	80	( )	( )	84	( )	( )
평균	( )	14.5	14.5	( )	( )	( )

※ 항목별 평가 점수 범위는 0~20점이고, 모든 항목 평가에서 누락자는 없음.

※ 사원의 성취수준은 5개 항목 평가 점수의 산술평균으로 결정함.

– 평가 점수 평균이 18점 이상 20점 이하 : 수월수준
– 평가 점수 평균이 15점 이상 18점 미만 : 우수수준
– 평가 점수 평균이 12점 이상 15점 미만 : 보통수준
– 평가 점수 평균이 12점 미만 : 기초수준

① 김영희 사원의 성취수준은 E항목 평가 점수가 17점 이상이면 '우수수준'이 될 수 있다.

② 최은경 사원의 성취수준은 E항목 시험 점수에 따라 '기초수준'이 될 수 있다.

③ 신상욱 사원의 평가 점수는 B항목은 13점, D항목은 15점으로 성취수준은 '우수수준'이다.

④ 이민수 사원의 C항목 평가 점수는 정철민 사원의 A항목 평가 점수보다 높다.

15 다음은 A 공사의 연도별 임직원 현황에 관한 자료이다. 이에 대한 설명 중 옳은 것을 모두 고르면?

구분	연도	2013	2014	2015
국적	한국	9,566	10,197	9,070
	중국	2,636	3,748	4,853
	일본	1,615	2,353	2,749
	대만	1,333	1,585	2,032
	기타	97	115	153
	계	15,247	17,998	18,857
고용형태	정규직	14,173	16,007	17,341
	비정규직	1,074	1,991	1,516
	계	15,247	17,998	18,857
연령	20대 이하	8,914	8,933	10,947
	30대	5,181	7,113	6,210
	40대 이상	1,152	1,952	1,700
	계	15,247	17,998	18,857
직급	사원	12,365	14,800	15,504
	간부	2,801	3,109	3,255
	임원	81	89	98
	계	15,247	17,998	18,857

㉠ 매년 일본, 대만 및 기타 국적 임직원 수의 합은 중국 국적 임직원 수보다 많다.

㉡ 매년 전체 임직원 중 20대 이하 임직원이 차지하는 비중은 50% 이상이다.

㉢ 2014년과 2015년에 전년대비 임직원수가 가장 많이 증가한 국정은 모두 중국이다.

㉣ 2014년에 국적이 한국이면서 고용형태가 정규직이고 직급이 사원인 임직원은 5,000명 이상이다.

① ㉠, ㉡   ② ㉠, ㉢

③ ㉡, ㉣   ④ ㉠, ㉢, ㉣

16 甲 공단 재무부에서 근무하는 乙은 2018년도 예산을 편성하기 위해 2017년에 시행되었던 정책 A~F에 대한 평가를 실시하였다. 평가 결과가 다음과 같을 때 乙이 분석한 내용으로 잘못된 것은?

□ 정책 평가 결과

(단위 : 점)

정책	계획의 충실성	계획 대비 실적	성과지표 달성도
A	96	95	76
B	93	83	81
C	94	96	82
D	98	82	75
E	95	92	79
F	95	90	85

- 정책 평가 영역과 각 영역별 기준 점수는 다음과 같다.
- 계획의 충실성 : 기준 점수 90점
- 계획 대비 실적 : 기준 점수 85점
- 성과지표 달성도 : 기준 점수 80점
- 평가 점수가 해당 영역의 기준 점수 이상인 경우 '통과'로 판단하고 기준 점수 미만인 경우 '미통과'로 판단한다.
- 모든 영역이 통과로 판단된 정책에는 전년과 동일한 금액을 편성하며, 2개 영역이 통과로 판단된 정책에는 전년 대비 10% 감액, 1개 영역만 통과로 판단된 정책에는 15% 감액하여 편성한다. 다만 '계획 대비 실적' 영역이 미통과인 경우 위 기준과 상관없이 15% 감액하여 편성한다.
- 2017년도 재무부의 A~F 정책 예산은 각각 20억 원으로 총 120억 원이었다.

① 전년과 동일한 금액의 예산을 편성해야 하는 정책은 총 2개이다.

② 재무부의 2018년도 A~F 정책 예산은 전년 대비 9억 원이 줄어들 것이다.

③ '성과지표 달성도' 영역에서 '통과'로 판단된 경우에도 예산을 감액해야 하는 정책이 있다.

④ 예산을 전년 대비 15% 감액하여 편성하는 정책들은 모두 '계획 대비 실적' 영역이 '미통과'로 판단되었을 것이다.

17 다음은 W기업 토론 면접상황이다. 다음 중 한 팀이 될 수 있는 사람들은 누구인가?

- A, B, C, D, E, F의 여섯 명의 신입사원들이 있다.
- 신입사원들은 모두 두 팀 중 한 팀에 속해야 한다.
- 한 팀에 3명씩 두 팀으로 나눠야 한다.
- A와 B는 한 팀이 될 수 없다.
- E는 C 또는 F와 한 팀이 되어야 한다.

① A, B, C

② A, B, F

③ A, C, E

④ A, C, F

18 A, B, C, D, E는 형제들이다. 다음의 〈보기〉를 보고 첫째부터 막내까지 올바르게 추론한 것은?

〈보기〉

㉠ A는 B보다 나이가 적다.

㉡ D는 C보다 나이가 적다.

㉢ E는 B보다 나이가 많다.

㉣ A는 C보다 나이가 많다.

① E > B > D > A > C

② E > B > A > C > D

③ E > B > C > D > A

④ D > C > A > B > E

19 사과, 배, 딸기, 오렌지, 귤 등 다섯 가지 상품만을 파는 과일가게가 있다. 가게 주인은 다음과 같은 조건을 걸고 이를 만족하는 손님에게만 물건을 팔았는데, 한 손님이 이 조건을 만족해 물건을 구입해 갔다. 이 손님이 구입한 상품으로 가능한 것은?

- 오렌지와 귤 중 한 가지를 반드시 사야 한다.
- 배와 딸기 중에서는 한 가지밖에 살 수 없다.
- 딸기와 오렌지를 사려면 둘 다 사야 한다.
- 귤을 사려면 사과와 오렌지도 반드시 사야 한다.

① 오렌지, 귤

② 배, 딸기

③ 딸기, 오렌지

④ 사과, 딸기, 귤

20 다음 글과 〈대회 종료 후 대화〉를 근거로 판단할 때, 비긴 볼링 게임의 총 수는?

다섯 명의 선수(A~E)가 볼링 게임 대회에 참가했다. 각 선수는 대회에 참가한 다른 모든 선수들과 1 : 1로 한 번씩 볼링 게임을 했다. 각 게임의 승자는 점수 2점을 받고, 비긴 선수는 점수 1점을 받고, 패자는 점수를 받지 못한다.
이 볼링 게임 대회에서 각 선수가 얻은 점수의 총합이 큰 순으로 매긴 순위는 A, B, C, D, E 순이고 동점은 존재하지 않는다.

〈대회 종료 후 대화〉
B : 난 한 게임도 안 진 유일한 사람이야.
E : 난 한 게임도 못 이긴 유일한 사람이야.

① 2번

② 3번

③ 4번

④ 5번

21 최근 수입차의 가격 할인 프로모션 등으로 인하여 국내 자동차 시장이 5년 만에 마이너스 성장한 것으로 나타남에 따라 乙자동차회사에 근무하는 A대리는 신차 개발에 앞서 자동차 시장에 대한 환경 분석과 관련된 보고서를 제출하라는 업무를 받았다. 다음은 A대리가 작성한 자동차 시장에 대한 SWOT분석이다. 기회 요인에 작성한 내용 중 잘못된 것은?

강점	약점
• 자동차그룹으로서의 시너지 효과 • 그룹 내 위상·역할 강화 • G 시리즈의 성공적인 개발 경험 • 하이브리드 자동차 기술 개발 성공	• 노조의 잦은 파업 • 과도한 신차 개발 • 신차의 짧은 수명 • 경쟁사의 공격적인 마케팅 대응 부족 • 핵심 부품의 절대적 수입 비중
기회	위협
① 노후 경유차 조기폐차 보조금 지원 ② 하이브리드 자동차에 대한 관심 증대 ③ 국제유가 하락세의 장기화 ④ 난공불락의 甲자동차회사	• 대대적인 수입차 가격 할인 프로모션 • 취업난으로 인한 젊은 층의 소득 감소 • CEO의 부정적인 이미지 이슈화 • 미국의 한국산 자동차 관세 부과 시사

22 L공사에 다니는 甲은 학술지에 실린 국가별 신재생에너지 보급률 관련 자료가 훼손된 것을 발견하였다. ㉠~㉆까지가 명확하지 않은 상황에서 〈보기〉의 내용만을 가지고 그 내용을 추론한다고 할 때, 바르게 나열된 것은?

㉠	㉡	㉢	㉣	㉤	㉥	㉆	평균
68%	47%	46%	37%	28%	27%	25%	39.7%

〈보기〉
㉮ 스웨덴, 미국, 한국은 평균보다 높은 신재생에너지 보급률을 보인다.
㉯ 가장 높은 신재생에너지 보급률을 나타내는 국가의 절반에 못 미치는 신재생에너지 보급률을 보인 나라는 칠레, 멕시코, 독일이다.
㉰ 한국과 멕시코의 신재생에너지 보급률의 합은 스웨덴과 칠레의 신재생에너지 보급률의 합보다 20%p 많다.
㉱ 일본보다 신재생에너지 보급률이 높은 국가의 수와 낮은 국가의 수는 동일하다.

① 미국 – 한국 – 스웨덴 – 일본 – 멕시코 – 독일 – 칠레

② 스웨덴 – 미국 – 한국 – 일본 – 칠레 – 멕시코 – 독일

③ 한국 – 미국 – 스웨덴 – 일본 – 독일 – 칠레 – 멕시코

④ 한국 – 스웨덴 – 미국 – 일본 – 독일 – 멕시코 – 칠레

23 다음 조건을 통해 추론을 할 때, 서로 대화가 가능한 사람끼리 짝지어진 것은?

- 갑, 을, 병, 정은 사용가능한 언어만으로 대화를 할 수 있다.
- 갑, 을, 병, 정은 모두 2개 국어를 사용한다.
- 갑은 영어와 한국어를 사용한다.
- 을은 한국어와 프랑스를 사용한다.
- 병은 독일어와 영어를 사용한다.
- 정은 프랑스어와 중국어를 사용한다.
- 무는 태국어와 한국어를 사용한다.

① 갑, 정   ② 을, 병
③ 병, 무   ④ 무, 갑

24 다음은 1년간 판매율이 가장 높았던 제품 4종에 대한 소비자 평가 점수이다. 이 자료를 참고할 때, 제시된 네 명의 구매자에게 선택받지 못한 제품은?

〈제품에 대한 소비자 평가 점수〉
(단위 : 점)

평가기준 \ 제품명	B	D	K	M
원료	10	8	5	8
가격	4	9	10	7
인지도	8	7	9	10
디자인	5	10	9	7

〈구매 기준〉
㉠ 제인 : 나는 제품을 고를 때, 가격과 원료를 꼼꼼히 확인하겠어.
㉡ 데이먼 : 고민 없이 소비자 평가 총점이 높은 제품을 구매하겠어.
㉢ 밀러 : 내 기준에서 제품의 인지도와 디자인이 중요하다고 봐.
㉣ 휴즈 : 화장품은 원료, 가격, 인지도 모두가 중요한 요소라고 생각해.

① B   ② D
③ K   ④ M

25 신입사원 A는 상사로부터 아직까지 '올해의 직원상' 투표에 참여하지 않은 사원들에게 투표 참여 안내 문자를 발송하라는 지시를 받았다. 다음에 제시된 내용을 바탕으로 할 때, A가 문자를 보내야 하는 사원은 몇 명인가?

'올해의 직원人상' 후보에 총 5명(甲~戊)이 올랐다. 수상자는 120명의 신입사원 투표에 의해 결정되며 투표규칙은 다음과 같다.
- 투표권자는 한 명당 한 장의 투표용지를 받고, 그 투표용지에 1순위와 2순위 각 한 명의 후보자를 적어야 한다.
- 투표권자는 1순위와 2순위로 동일한 후보자를 적을 수 없다.
- 투표용지에 1순위로 적힌 후보자에게는 5점이, 2순위로 적힌 후보자에게는 3점이 부여된다.
- '올해의 직원人상'은 개표 완료 후, 총 점수가 가장 높은 후보자가 수상하게 된다.
- 기권표와 무효표는 없다.

현재 투표까지 중간집계 점수는 다음과 같다.

후보자	중간집계 점수
甲	360점
乙	15점
丙	170점
丁	70점
戊	25점

① 50명   ② 45명
③ 40명   ④ 35명

26 L공사의 홍보부에서는 L공사 캐릭터를 홍보하기 위해 책자를 제작해 배포하는 프로젝트를 진행하였다. 프로젝트 진행 과정이 다음과 같을 때, 프로젝트 결과에 대한 평가로 항상 옳은 것을 모두 고르면?

이번에 홍보부에서는 L공사 캐릭터를 홍보하기 위해 책자를 제작해 배포하였다. 이 홍보 사업에 참여한 홍보부의 팀은 A와 B 두 팀이다. 두 팀은 각각 500권의 홍보책자를 제작하였다. 그러나 책자를 어떤 방식으로 배포할 것인지에 대해 두 팀 간에 차이가 있었다. A팀은 자신들이 제작한 모든 홍보책자를 서울이나 부산에 배포한다는 지침에 따라 배포하였다. 한편, B팀은 자신들이 제작한 홍보책자를 서울에 모두 배포하거나 부산에 모두 배포한다는 지침에 따라 배포하였다. 사업이 진행된 이후 배포된 결과를 살펴보기 위해서 서울과 부산을 조사하였다. 조사를 담당한 한 직원은 A팀이 제작·배포한 홍보책자 중 일부를 서울에서 발견하였다.

한편, 또 다른 직원은 B팀이 제작·배포한 홍보책자 중 일부를 부산에서 발견하였다. 그리고 배포 과정을 검토해 본 결과, 이번에 A팀과 B팀이 제작한 홍보책자는 모두 배포되었다는 것과, 책자가 배포된 곳과 발견된 곳이 일치한다는 것이 확인되었다.

ㄱ 부산에는 500권이 넘는 홍보책자가 배포되었다.
ㄴ 서울에 배포된 홍보책자의 수는 부산에 배포된 홍보책자의 수보다 적다.
ㄷ A팀이 제작한 홍보책자가 부산에서 발견되었다면, 부산에 배포된 홍보책자의 수가 서울에 배포된 수보다 많다.

① ㄱ
② ㄷ
③ ㄱ, ㄴ
④ ㄴ, ㄷ

27 김 대리는 지난 여름 휴가 때 선박을 이용하여 '포항→울릉도 →독도→울릉도→포항' 순으로 여행을 다녀왔다. 다음에 제시된 내용을 바탕으로 김 대리가 휴가를 냈던 기간을 추론하면?

- '포항→울릉도' 선박은 매일 오전 10시, '울릉도→포항' 선박은 매일 오후 3시에 출발하며, 편도 운항에 3시간이 소요된다.
- 울릉도에서 출발해 독도를 돌아보는 선박은 매주 화요일과 목요일 오전 8시에 출발하여 당일 오전 11시에 돌아온다.
- 최대 파고가 3m 이상인 날은 모든 노선의 선박이 운항되지 않는다.
- 김 대리는 매주 금요일에 술을 마시는데, 술을 마신 다음날은 멀미가 심해서 선박을 탈 수 없다.
- 이번 여행 중 김 대리는 울릉도에서 호박엿 만들기 체험을 했는데, 호박엿 만들기 체험은 매주 월·금요일 오후 6시에만 할 수 있다.

〈2016년 7월 최대 파고〉

⑳ : 최대 파고(단위 : m)

일	월	화	수	목	금	토
16 ⑳ 1.0	17 ⑳ 1.4	18 ⑳ 3.2	19 ⑳ 2.7	20 ⑳ 2.8	21 ⑳ 3.7	22 ⑳ 2.0
23 ⑳ 0.7	24 ⑳ 3.8	25 ⑳ 2.8	26 ⑳ 2.7	27 ⑳ 0.5	28 ⑳ 3.7	29 ⑳ 3.3

① 7월 16일(일)~19일(수)
② 7월 19일(수)~22일(토)
③ 7월 20일(목)~23일(일)
④ 7월 23일(일)~26일(수)

28 다음은 A그룹 근처의 〈맛집 정보〉이다. 주어진 평가 기준에 따라 가장 높은 평가를 받은 곳으로 신년회를 예약하라는 지시를 받았다. A그룹의 신년회 장소는?

〈맛집 정보〉

평가항목 / 음식점	음식 종류	이동 거리	가격 (1인 기준)	맛 평점 (★ 5개 만점)	방 예약 가능 여부
자금성	중식	150m	7,500원	★★☆	○
샹젤리제	양식	170m	8,000원	★★★	○
경복궁	한식	80m	10,000원	★★★★	○
도쿄타워	일식	350m	9,000원	★★★★☆	×

※ ☆은 ★의 반 개이다.

〈평가 기준〉
• 평가항목 중 이동거리, 가격, 맛 평점에 대하여 각 항목별로 4, 3, 2, 1점을 각각의 음식점에 하나씩 부여한다.
 −이동거리가 짧은 음식점일수록 높은 점수를 준다.
 −가격이 낮은 음식점일수록 높은 점수를 준다.
 −맛 평점이 높은 음식점일수록 높은 점수를 준다.
• 평가항목 중 음식종류에 대하여 일식 5점, 한식 4점, 양식 3점, 중식 2점을 부여한다.
• 방 예약이 가능한 경우 가점 1점을 부여한다.
• 총점은 음식종류, 이동거리, 가격, 맛 평점의 4가지 평가항목에서 부여 받은 점수와 가점을 합산하여 산출한다.

① 자금성
② 샹젤리제
③ 경복궁
④ 도쿄타워

29 다음은 국고보조금의 계상과 관련된 법조문이다. 이를 근거로 제시된 상황을 판단할 때, 2016년 정당에 지급할 국고보조금 총액은?

제00조(국고보조금의 계상)
① 국가는 정당에 대한 보조금으로 최근 실시한 임기만료에 의한 국회의원선거의 선거권자 총수에 보조금 계상단가를 곱한 금액을 매년 예산에 계상하여야 한다.
② 대통령선거, 임기만료에 의한 국회의원선거 또는 동시지방선거가 있는 연도에는 각 선거(동시지방선거는 하나의 선거로 본다)마다 보조금 계상단가를 추가한 금액을 제1항의 기준에 의하여 예산에 계상하여야 한다.
③ 제1항 및 제2항에 따른 보조금 계상단가는 전년도 보조금 계상단가에 전전년도와 대비한 전년도 전국소비자물가 변동률을 적용하여 산정한 금액을 증감한 금액으로 한다.
④ 중앙선거관리위원회는 제1항의 규정에 의한 보조금(경상보조금)은 매년 분기별로 균등분할하여 정당에 지급하고, 제2항의 규정에 의한 보조금(선거보조금)은 당해 선거의 후보자등록마감일 후 2일 이내에 정당에 지급한다.

• 2014년 실시된 임기만료에 의한 국회의원선거의 선거권자 총수는 3천만 명이었고, 국회의원 임기는 4년이다.
• 2015년 정당에 지급된 국고보조금의 보조금 계상단가는 1,000원이었다.
• 전국소비자물가 변동률을 적용하여 산정한 보조금 계상단가는 전년 대비 매년 30원씩 증가한다.
• 2016년에는 5월에 대통령선거가 있고 8월에 임기만료에 의한 동시지방선거가 있다. 각 선거의 한 달 전에 후보자등록을 마감한다.
• 2017년에는 대통령선거, 임기만료에 의한 국회의원선거 또는 동시지방선거가 없다.

① 600억 원
② 618억 원
③ 900억 원
④ 927억 원

30 L공사는 직원들의 창의력을 증진시키기 위하여 '창의 테마파크'를 운영하고자 한다. 다음의 프로그램들을 대상으로 전문가와 사원들이 평가를 실시하여 가장 높은 점수를 받은 프로그램을 최종 선정하여 운영한다고 할 때, '창의 테마파크'에서 운영할 프로그램은?

분야	프로그램명	전문가 점수	사원 점수
미술	내 손으로 만드는 고속도로	26	32
인문	세상을 바꾼 생각들	31	18
무용	스스로 창작	37	25
인문	역사랑 놀자	36	28
음악	연주하는 사무실	34	34
연극	연출노트	32	30
미술	예술캠프	40	25

※ 전문가와 사원은 후보로 선정된 프로그램을 각각 40점 만점제로 우선 평가하였다.
※ 전문가 점수와 사원 점수의 반영 비율을 3 : 2로 적용하여 합산한 후, 하나밖에 없는 분야에 속한 프로그램에는 취득점수의 30%를 가산점으로 부여한다.

① 연주하는 사무실
② 스스로 창작
③ 연출노트
④ 예술캠프

31 길동이는 이번 달 사용한 카드 사용금액을 시기별, 항목별로 다음과 같이 정리하였다. 항목별 단가를 확인한 후 D2 셀에 함수식을 넣어 D5까지 드래그를 하여 결과값을 알아보고자 한다. 길동이가 D2 셀에 입력해야 할 함수식으로 적절한 것은 어느 것인가?

	A	B	C	D	E
1	시기	항목	횟수	사용금액(원)	
2	1주	식비	10		
3	2주	의류 구입	3		
4	3주	교통비	12		
5	4주	식비	8		
6					
7	항목	단가			
8	식비	6,500			
9	의류 구입	43,000			
10	교통비	3,500			
11					

① =C2*HLOOKUP(B2,$A$8:$B$10,2,0)
② =B2*HLOOKUP(C2,$A$8:$B$10,2,0)
③ =B2*VLOOKUP(B2,$A$8:$B$10,2,0)
④ =C2*VLOOKUP(B2,$A$8:$B$10,2,0)

32 다음 그림에서 A6 셀에 수식 '=$A$1+$A2'를 입력한 후 다시 A6 셀을 복사하여 C6와 C8에 각각 붙여넣기를 하였을 경우, (A)와 (B)에 나타나게 되는 숫자의 합은 얼마인가?

	A	B	C	D
1	7	2	8	
2	3	3	8	
3	1	5	7	
4	2	5	2	
5				
6			(A)	
7				
8			(B)	
9				

① 12
② 14
③ 16
④ 19

33 다음 중 아래 워크시트의 [A1] 셀에 사용자 지정 표시 형식 '#,###,'을 적용했을 때 표시되는 값은?

	A	B
1	2451648.81	
2		

① 2,451
② 2,452
③ 2
④ 2.4

34 다음 중 아래 워크시트에서 수식 ' = SUM($B$2:C2)'이 입력된 [D2]셀을 [D4] 셀에 복사하여 붙여 넣었을 때의 결과 값은?

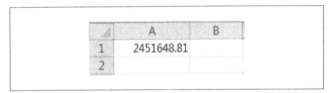

D2		fx	=SUM($B$2:C2)

	A	B	C	D	E	F
1						
2		5	10	15		
3		7	14			
4		9	18			
5						

① 15
② 27
③ 42
④ 63

35 다음 [조건]에 따라 작성한 [함수식]에 대한 설명으로 옳은 것을 〈보기〉에서 고른 것은?

[조건]

• 품목과 수량에 대한 위치는 행과 열로 표현한다.

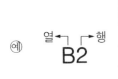

열\행	A	B
1	품목	수량
2	설탕	5
3	식초	6
4	소금	7

예) B2 열←┐ ┌→행

[함수 정의]

• IF(조건식, ㉠, ㉡) : 조건식이 참이면 ㉠ 내용을 출력하고, 거짓이면 ㉡ 내용을 출력한다.

• MIN(B2, B3, B4) : B2, B3, B4 중 가장 작은 값을 반환한다.

[함수식]

= IF(MIN(B2, B3, B4) > 3, "이상 없음", "부족")

〈보기〉

㉠ 반복문이 사용되고 있다.

㉡ 조건문이 사용되고 있다.

㉢ 출력되는 결과는 '부족'이다.

㉣ 식초의 수량(B3) 6을 1로 수정할 때 출력되는 결과는 달라진다.

① ㉠, ㉡   ② ㉠, ㉢

③ ㉡, ㉢   ④ ㉡, ㉣

36 다음 워크시트에서 수식 '=LARGE(B2:B7,2)'의 결과 값은?

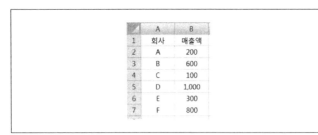

	A	B
1	회사	매출액
2	A	200
3	B	600
4	C	100
5	D	1,000
6	E	300
7	F	800

① 200   ② 300

③ 600   ④ 800

37 다음 워크시트에서 [A1:B2] 영역을 선택한 후 채우기 핸들을 사용하여 드래그 했을 때 [A6:B6]영역 값으로 바르게 짝지은 것은?

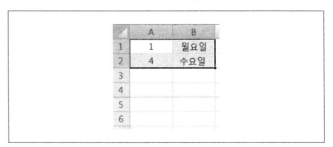

	A	B
1	1	월요일
2	4	수요일
3		
4		
5		
6		

	A6	B6
①	15	목요일
②	16	목요일
③	15	수요일
④	16	수요일

38 다음 순서도에서 인쇄되는 S의 값은? (단, $[x]$는 x보다 크지 않은 최대의 정수이다)

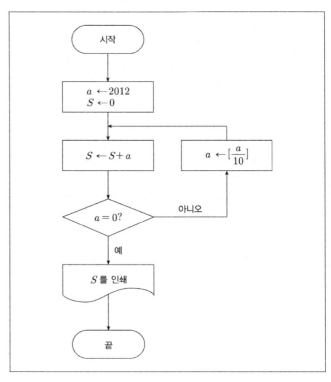

① 2230   ② 2235

③ 2240   ④ 2245

39 왼쪽 워크시트의 성명 데이터를 오른쪽 워크시트처럼 성과 이름의 열로 분리하기 위해 어떤 기능을 사용하면 되는가?

	A	B
1	유하나	
2	김상철	
3	지상진	
4	공나리	
5	진백림	
6	박한선	
7	윤진상	
8		

	A	B
1	유	하나
2	김	상철
3	지	상진
4	공	나리
5	진	백림
6	박	한선
7	윤	진상
8		

① 텍스트 나누기

② 조건부 서식

③ 그룹 해제

④ 필터

40 다음은 H사의 물품 재고 창고에 적재되어 있는 제품 보관 코드 체계이다. 2011년 10월에 생산된 '왈러스'의 여성용 블라우스로 10,215번째 입고된 제품의 코드로 알맞은 것은?

생산연월	공급처			제품 분류			입고량
	원산지 코드		제조사 코드	용품 코드		제품별 코드	
	1	중국	A All-8	01 캐주얼	001	청바지	
			B 2 Stars		002	셔츠	
			C Facai		003	원피스	
	2	베트남	D Nuyen	02 여성	004	바지	
			E N-sky		005	니트	
•1209 ~2012년 9월	3	멕시코	F Bratos		006	블라우스	00001 부터 5자리 시리얼 넘버 부여
			G Fama		007	점퍼	
			H 혁진사	03 남성	008	카디건	
•1011 ~2010년 11월	4	한국	I K상사		009	모자	
			J 영스타		010	용품	
	5	일본	K 왈러스	04 아웃도어	011	신발	
			L 토까이		012	래시가드	
			M 히스모		013	내복	
	6	호주	N 오즈본	05 베이비	014	바지	
			O Island		015	사료	
	7	독일	P Kunhe	06 반려동물	016	간식	
			Q Boyer		017	장난감	

〈예시〉

2010년 12월에 중국 '2 Stars'에서 생산된 아웃도어 신발의 15번째 입고 제품 코드

→ 1012 − 1B − 04011 − 00015

① 1010 − 5K − 02006 − 00215

② 1110 − 5K − 02060 − 10215

③ 1110 − 5K − 02006 − 10215

④ 1110 − 5L − 02005 − 10215

❙41~45❙ L정보통신사에 입사한 당신은 시스템 모니터링 및 관리 업무를 담당하게 되었다.

〈시스템 상태 및 조치〉

System is processing requests...
System Code is S.
Run...

Error found!
Index AXNGR of File WOANMR.

Final code? |

항목	세부사항
Index @@ of File@@	• 오류 문자 : Index 뒤에 나타나는 문제 • 오류 발생 위치 : File 뒤에 나타나는 문자
Error Value	• 오류 문자와 오류 발생 위치를 의미하는 문자에 사용된 알파벳을 비교하여 일치하는 알파벳의 개수를 확인
Final Code	• Error Value를 통하여 시스템 상태 판단

〈시스템 상태 판단 기준〉

판단 기준	Final Code
일치하는 알파벳의 개수 = 0	rksmd
0 < 일치하는 알파벳의 개수 ≤ 3	rnlcksg
3 < 일치하는 알파벳의 개수 ≤ 5	qnfrk
5 < 일치하는 알파벳의 개수	vPrldy

41 다음의 상황에 알맞은 입력코드는?

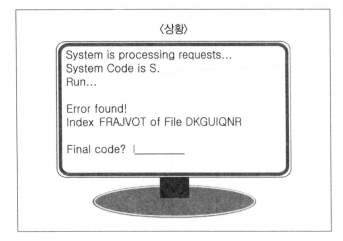

① rksmd   ② rnlcksg

③ qnfrk   ④ vPrldy

42 다음의 상황에 알맞은 입력코드는?

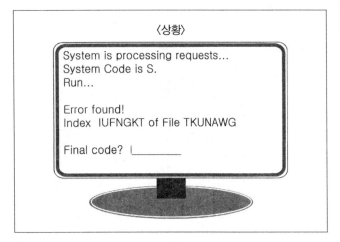

① rksmd   ② rnlcksg

③ qnfrk   ④ vPrldy

43 다음의 상황에 알맞은 입력코드는?

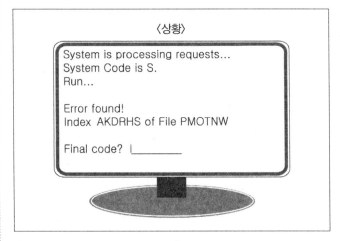

① rksmd   ② rnlcksg

③ qnfrk   ④ vPrldy

44 다음의 상황에서 오류 발생 위치로 가능한 것은?

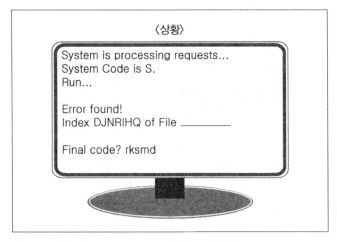

① QOFGHRG   ② IHARGBH

③ ATKBZYU   ④ RFVKQN

45 다음의 상황에서 오류 발생 위치는?

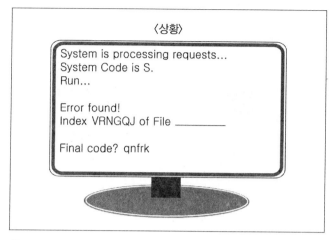

〈상황〉

```
System is processing requests...
System Code is S.
Run...

Error found!
Index VRNGQJ of File _____

Final code? qnfrk
```

① NGHJLQ　　　　② JIMBWL

③ JGRNQV　　　　④ PUESCX

46

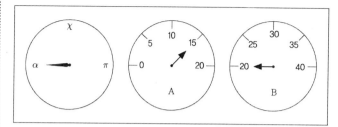

① 그대로 둔다.

② 파란 레버를 내린다.

③ 파란 레버를 올린다.

④ 빨간 버튼을 누른다.

47

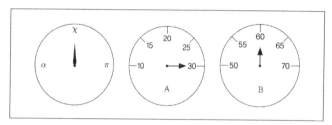

① 그대로 둔다.

② 파란 레버를 내린다.

③ 파란 레버를 올린다.

④ 빨간 버튼을 누른다.

┃46~47┃ 다음은 상태 계기판에 관한 내용이다. 물음에 답하시오.

〈조건〉

상태 계기판을 확인하고, 각 계기판이 가리키는 수치들을 표와 대조하여, 아래와 같은 적절한 행동을 취하시오.

㉠ 안전 : 그대로 둔다.

㉡ 경계 : 파란 레버를 내린다.

㉢ 경고 : 빨간 버튼을 누른다.

알림은 안전, 경계, 경고 순으로 격상되고, 역순으로 격하한다.

〈표〉

상태	허용 범위	알림
α	A와 B의 평균 ≤ 10	안전
	$10 <$ A와 B의 평균 < 20	경계
	A와 B의 평균 ≥ 20	경고
χ	$\|A - B\| \leq 20$	안전
	$20 < \|A - B\| < 30$	경계
	$30 \leq \|A - B\|$	경고
π	$3 \times A > B$	안전
	$3 \times A = B$	경계
	$3 \times A < B$	경고

┃48~50┃ 다음 표를 참고하여 질문에 답하시오.

스위치	기능
☆	1번, 2번 기계를 180° 회전함
★	1번, 3번 기계를 180° 회전함
◇	2번, 3번 기계를 180° 회전함
◆	2번, 4번 기계를 180° 회전함

48 처음 상태에서 스위치를 두 번 눌렀더니 다음과 같이 바뀌었다. 어떤 스위치를 눌렀는가?

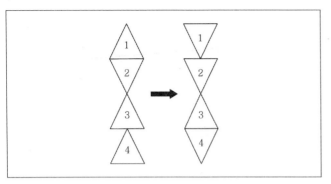

① ☆, ◆   ② ☆, ◇

③ ★, ◆   ④ ★, ◇

49 처음 상태에서 스위치를 두 번 눌렀더니 다음과 같이 바뀌었다. 어떤 스위치를 눌렀는가?

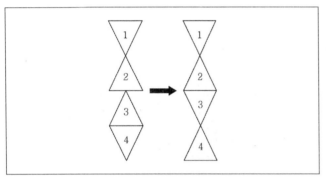

① ☆, ★   ② ◇, ◆

③ ☆, ◇   ④ ★, ◆

50 처음 상태에서 스위치를 세 번 눌렀더니 다음과 같이 바뀌었다. 어떤 스위치를 눌렀는가?

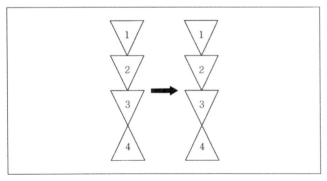

① ★, ◇, ◆   ② ☆, ◇, ◆

③ ☆, ★, ◆   ④ ☆, ★, ◇

┃51~55┃ 아래 〈보기〉는 그래프 구성 명령어 실행 예시이다. 〈보기〉를 참고하여 다음 물음에 답하시오.

〈보기〉

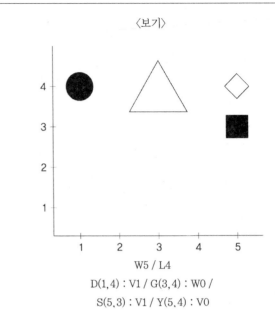

W5 / L4
D(1,4) : V1 / G(3,4) : W0 /
S(5,3) : V1 / Y(5,4) : V0

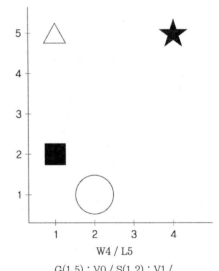

W4 / L5
G(1,5) : V0 / S(1,2) : V1 /
D(2,1) : W0 / T(4,5) : V1

51 다음 그래프에 알맞은 명령어는 무엇인가?

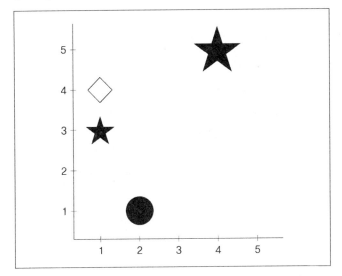

① W4 / L5   Y(1,4) : V0 / S(1,3) : V1 / D(2,1) : W1 / T(5,5) : W1

② W5 / L5   Y(1,4) : V0 / T(1,3) : V1 / S(2,1) : W1 / T(4,5) : W1

③ W5 / L5   Y(1,4) : V0 / T(1,3) : V1 / D(2,1) : W1 / T(4,5) : W1

④ W5 / L6   Y(1,4) : V0 / T(1,2) : V1 / D(2,1) : W1 / T(4,5) : W1

52 다음 그래프에 알맞은 명령어는 무엇인가?

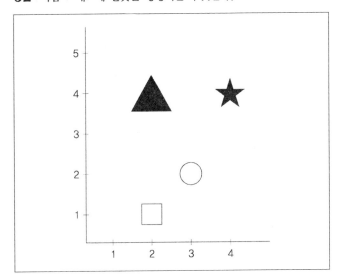

① W4 / L5   S(1,2) : V0 / G(4,2) : W1 / D(3,2) : V0 / T(4,4) : V1

② W4 / L5   S(2,1) : V0 / G(2,4) : W1 / D(3,2) : V0 / T(4,4) : V1

③ W4 / L5   S(2,1) : V0 / G(2,4) : W0 / D(3,2) : V1 / T(4,4) : V0

④ W5 / L4   S(2,1) : V0 / G(2,4) : W1 / D(3,2) : V0 / T(4,4) : V1

53 다음 명령어에 알맞은 그래프는 무엇인가?

W4 / L5   Y(1,4) : V1 / S(1,3) : V1 / T(2,1) : W0 / D(4,5) : W1

①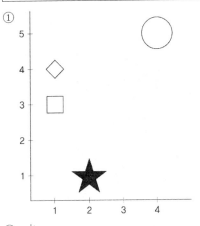

②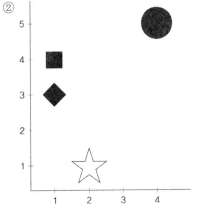

③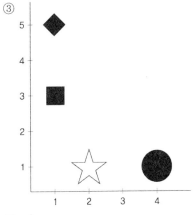

④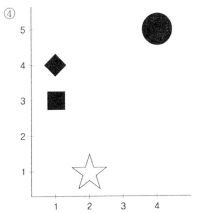

54 다음 명령어에 알맞은 그래프는 무엇인가?

W5 / L5   D(1,3) : V1 / T(2,4) : W0 / S(4,3) : V0 / Y(4,4) : V0

①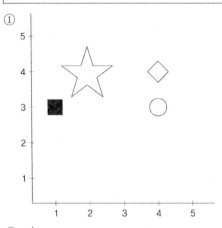

②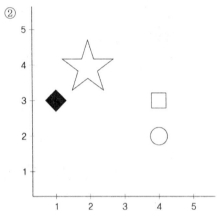

③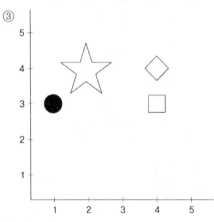

④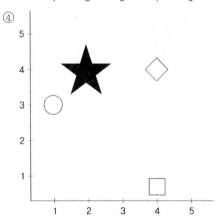

55 다음 명령어의 그래프를 산출할 때, 오류가 발생하여 〈보기〉와 같은 그래프가 산출되었다. 다음 중 오류가 발생한 값은?

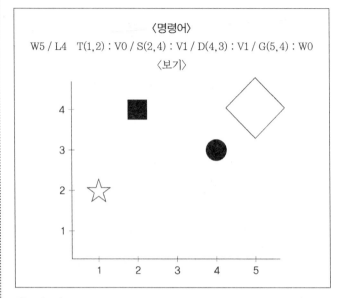

〈명령어〉
W5 / L4   T(1,2) : V0 / S(2,4) : V1 / D(4,3) : V1 / G(5,4) : W0

〈보기〉

① T(1,2) : V0

② S(2,4) : V1

③ D(4,3) : V1

④ G(5,4) : W0

▌56~57 ▌ 아래의 지문을 읽고 내용에 맞게 적절한 것을 고르시오.

아래의 제품은 ㈜아이 러브에서 출시된 2018년 무진동 세탁기에 대한 매뉴얼을 그림과 함께 제공하고 있다.

※ 아래에 있는 내용은 "경고"와 "주의"의 두 가지로 구분하고 있으며, 해당 표시를 무시하고 잘못된 취급을 할 시에는 위험이 발생할 수 있으니 반드시 주의 깊게 숙지하고 지켜주시기 바랍니다. 더불어 당부사항도 반드시 지켜주시기 바랍니다.

1. 경고
① 아래 그림과 같이 제품수리기술자 이외 다른 사람은 절대로 세탁기 분해, 개조 및 수리 등을 하지 마세요.

· 화재, 감전 및 상해의 원인이 됩니다. 해당 제품에 대한 A/S 문의는 제품을 구입한 대리점 또는 사용설명서의 뒷면을 참조하시고 상담하세요.
② 아래 그림과 같이 카펫 위에 설치하지 마시고 욕실 등의 습기가 많은 장소 또는 비바람 등에 노출된 장소 및 물이 튀는 곳에 설치하지 마세요.

· 이러한 경우에 화재, 감전, 고장, 변형 등의 위험이 있습니다.
③ 아래 그림과 같이 해당 세탁기를 타 전열기구와 함께 사용하는 것을 금하며 정격 15A 이상의 콘센트를 단독으로 사용하세요.

· 자사 세탁기를 타 기구와 사용하게 되면 콘센트부가 이상 과열되어 화재 또는 감전의 위험이 있습니다.
④ 아래 그림과 같이 접지를 반드시 연결해 주십시오.

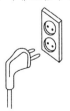

· 제대로 접지가 안 된 경우에는 고장 또는 누전 시에 감전의 위험이 있습니다.
· 가옥의 구조 또는 세탁기 설치 장소에 따라서 전원 콘센트가 접지가 안 될 시에는 해당 서비스센터에 문의하여 외부 접지선을 활용해 접지하세요.
⑤ 아래 그림과 같이 전원 플러그를 뽑을 경우에는 전원 코드를 잡지 말고 반드시 끝단의 전원 플러그를 손으로 잡고 뽑아주세요.

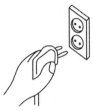

· 화재 또는 감전의 위험이 있습니다.
⑥ 아래 그림과 같이 전원 플러그의 금속부분이나 그 주변 등에 먼지가 붙어 있을 시에는 깨끗이 닦아주시고, 전원 플러그가 흔들리지 않도록 확실하게 콘센트에 접속해 주세요

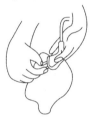

· 먼지가 쌓여서 발열, 발화 및 절연열화에 의해 감전, 누전의 원인이 됩니다.

2. 주의
① 자사 세탁기 본래의 용도(의류세탁) 외의 것은 세탁(탈수)하지 마세요.

· 이상 진동을 일으키면서 제품 본체를 손상시킬 위험이 있습니다.
② 온수를 사용하는 경우에는 50도 이상의 뜨거운 물은 사용하지 마세요.

· 플라스틱 부품의 변형 또는 손상 등에 의해서 감전 혹은 누전 등의 위험이 있습니다.

③ 오랜 시간 동안 사용하지 않을 시에는 반드시 전원 플러그를 콘센트에서 뽑아주세요

• 절연저하로 인해 감전, 누전, 화재 등의 원인이 됩니다.

3. 당부사항

① 세탁물은 초과해서 넣지 마세요.

• 탈수 시에 세탁물이 빠져나올 수 있습니다.

② 세제를 과하게 넣지 마세요.

• 세제를 많이 넣게 되면 세탁기 외부로 흘러나오거나 또는 전기부품에 부착되어 고장의 원인이 됩니다.

③ 탈수 중 도어가 열린 상태로 탈수조가 회전하는 경우에는 세탁기의 사용을 중지하고 수리를 의뢰해 주세요.

• 상해의 원인이 됩니다.

④ 세탁 시에 세탁물이 세탁조 외부로 빠져나오는 경우 또는 물이 흘러넘치는 것을 방지하기 위해 아래와 같이 조치해 주세요.

• 세탁물이 많을 시에는 균일하게 잘 넣어주세요. 세탁물이 떠오르게 되어 급수 시 물을 비산시켜 바닥으로 떨어지거나 또는 탈수 시 세탁물이 빠져나와 손상을 입힐 수 있습니다.

• 쉽게 물에 뜨거나 또는 큰 세탁물의 경우에는 급수 후 일시정지를 한 다음 손으로 눌러 밀어 넣어 세탁물을 수면 아래로 밀어 넣어주세요. 세탁을 진행하고 있는 동안에도 세탁물에 물이 새어들지 않거나 또는 손으로 눌러도 세탁액이 새어들지 않는 세탁물은 세탁하지 마세요. 탈수 시에 빠져나와 의류 및 세탁기를 손상시킬 수 있습니다.

56 위에 제시된 내용을 참조하여 세탁기 사용설명서를 잘못 이해한 것은?

① 세제를 많이 넣게 될 경우에는 이 또한 세탁기 고장의 원인으로 작용할 수 있다.

② 제품에 대한 A/S는 대리점이나 설명서 뒷면을 참조하면 된다.

③ 자사의 세탁기는 전류용량 상 멀티 탭을 활용하여 15A 이상의 콘센트를 타 전열기구와 함께 사용하는 것이 가장 좋다.

④ 전원 플러그 주변의 먼지는 깨끗이 닦아줘야 한다는 것을 잊어서는 안 된다.

57 윗글을 읽고 제품에 대한 당부사항으로 바르지 않은 것은?

① 탈수 중에 문이 열린 상태로 탈수조가 회전하게 되면 세탁물이 빠져나올 수가 있다.

② 세탁물을 초과해서 투입하게 되면 탈수 시 옷들이 빠져나올 수 있다.

③ 세탁 시 투입물이 많으면 균일하게 잘 넣어야 한다.

④ 세제를 과다 투입하게 되면 전기부품에 부착되어 고장의 우려가 발생할 수 있다.

58 "자사 세탁기를 타 기구과 사용하게 되면 콘센트부가 이상 과열되어 화재 또는 감전의 위험이 있습니다."라는 문구와 함께 표시되는 그림으로 알맞은 것은?

①

②

③

④

59 전원 콘센트 또는 플러그와 관련된 안내사항으로 잘못된 것은?

① 세탁기 설치 장소에 전원 콘센트 접지가 안 될 시 서비스 센터에 문의하여 외부 접지선을 활용할 수 있다.

② 전원 플러그를 뽑을 경우 반드시 끝단의 전원 플러그를 손으로 잡고 뽑아야 한다.

③ 전원 플러그에 먼지가 붙어 있을 시에는 금속부분을 제외하고 깨끗이 닦아준다.

④ 오랜 시간 동안 사용하지 않을 시에는 전원 플러그를 콘센트에서 뽑는다.

60 ㈜ 아이 러브는 "경고" 사항을 무시하여 제품이 고장 났을 경우 유상 수리를, "주의" 사항을 무시하여 고장 났을 경우 무상 수리를 실시하고 있다. 다음 중 수리비가 청구될 사람은?

① 甲 : 세탁기에 가방이랑 모자를 넣고 빨았는데 심하게 진동하더니 멈춰버렸어요.

② 乙 : 해외연수로 6개월간 집을 비웠다 돌아와 보니 세탁기가 작동을 안 하네요. 전원 플러그는 계속 꽂혀있었는데……

③ 丙 : 아기 옷을 삶으려고 끓는 물로 빨래를 돌렸더니 입구 고무패킹이 세탁기 문이 안 닫히네요.

④ 丁 : 욕실에 놓고 사용하던 세탁기가 세탁 중에 갑자기 멈추더니 전원이 안 들어와요.

LX한국국토정보공사

직업기초능력 모의고사

	영 역	수리능력, 문제해결능력, 정보능력, 기술능력
제 **3** 회	문항수	60문항
	시 간	60분
	비 고	객관식 4지선다형

SEOWONGAK
(주)서원각

1 입구부터 출구까지의 총 길이가 840m인 터널을 열차가 초속 50m의 속도로 달려 열차가 완전히 통과할 때까지 걸린 시간이 25초라고 할 때, 이보다 긴 1,400m의 터널을 동일한 열차가 동일한 속도로 완전히 통과하는 데 걸리는 시간은 얼마인가?

① 34.5초
② 35.4초
③ 36.2초
④ 36.8초

2 甲은 매월 200,000원씩 납입하는 연이자율 5%, 2년 만기 적금을 가입하였고, 乙은 여유자금 500만 원을 연이자율 2%로 2년 동안 예치하는 예금에 가입하였다. 2년 뒤 甲과 乙이 받을 수 있는 금액의 차이는? (단, 연이자율은 모두 단리로 계산하며, 비과세 상품에 해당한다)

① 5만 원
② 10만 원
③ 15만 원
④ 20만 원

3 G사의 공장 앞에는 가로 20m × 세로 15m 크기의 잔디밭이 조성되어 있다. 시청에서는 이 잔디밭의 가로, 세로 길이를 동일한 비율로 확장하여 새롭게 잔디를 심었는데 새로운 잔디밭의 총 면적은 432㎡였다. 새로운 잔디밭의 가로, 세로의 길이는 순서대로 얼마인가?

① 24m, 18m
② 23m, 17m
③ 22m, 16.5m
④ 21.5m, 16m

4 C사의 사내 설문조사 결과, 전 직원의 $\frac{2}{3}$가 과민성대장증상을 보이고 있으며, 이 중 $\frac{1}{4}$이 출근길에 불편을 겪어 아침을 먹지 않는다고 조사되었다. 과민성대장증상을 보이는 직원 중 아침 식사를 하는 직원의 수가 144명이라면, C사의 전 직원의 수는 몇 명인가?

① 280명
② 282명
③ 285명
④ 288명

5 김정은과 시진핑은 양국의 우정을 돈독히 하기 위해 함께 서울에 방문하여 용산역에서 목포역까지 열차를 활용한 우정 휴가를 계획하고 있다. 아래의 표는 인터넷 사용법에 능숙한 김정은과 시진핑이 서울–목포 간 열차종류 및 이에 해당하는 요소들을 배치해 알아보기 쉽게 도표화한 것이다. 아래의 표를 참조하여 이 둘이 선택할 수 있는 대안(열차종류)을 보완적 방식을 통해 고르면 어떠한 열차를 선택하게 되겠는가? (단, 각 대안에 대한 최종결과 값 수치에 대한 반올림은 없는 것으로 한다.)

평가 기준	중요도	열차 종류				
		KTX 산천	ITX 새마을	무궁화호	ITX 청춘	누리로
경제성	60	3	5	4	6	6
디자인	40	9	7	2	4	5
서비스	20	8	4	3	4	4

① ITX 새마을
② ITX 청춘
③ 무궁화호
④ KTX 산천

6 다음은 세 골프 선수 갑, 을, 병의 9개 홀에 대한 경기결과를 나타낸 표이다. 이에 대한 설명으로 옳은 것을 모두 고른 것은?

홀 번호	1	2	3	4	5	6	7	8	9	타수 합계
기준 타수	3	4	5	3	4	4	4	5	4	36
甲	0	x	0	0	0	0	x	0	0	34
乙	x	0	0	0	y	0	0	y	0	( )
丙	0	0	0	x	0	0	0	y	0	36

※ 기준 타수 : 홀마다 정해져 있는 타수를 말함
※ x, y는 개인 타수 – 기준 타수의 값
※ 0은 기준 타수와 개인 타수가 동일함을 의미

> ⊙ x는 기준 타수보다 1타를 적게 친 것을 의미한다.
> ⓛ 9개 홀의 타수의 합은 갑과 을이 동일하다.
> ⓒ 세 선수 중에서 타수의 합이 가장 적은 선수는 갑이다.

① ⊙
② ⊙, ⓛ
③ ⊙, ⓒ
④ ⓛ, ⓒ

7 바른 항공사는 서울–상해 직항 노선에 50명이 초과로 예약 승객이 발생하였다. 승객 모두는 비록 다른 도시를 경유해서라도 상해에 오늘 도착하기를 바라고 있다. 아래의 그림이 경유 항공편의 여유 좌석 수를 표시한 항공로일 때, 타 도시를 경유하여 상해로 갈 수 있는 최대의 승객 수는 구하면?

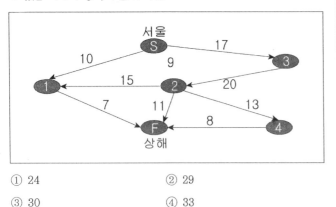

① 24　　　　　② 29

③ 30　　　　　④ 33

8 다음은 국민연금 보험료를 산정하기 위한 소득월액 산정 방법에 대한 설명이다. 다음 설명을 참고할 때, 김갑동 씨의 신고 소득월액은 얼마인가?

> 소득월액은 입사(복직) 시점에 따른 근로자간 신고 소득월액 차등이 발생하지 않도록 입사(복직) 당시 약정되어 있는 급여 항목에 대한 1년치 소득총액에 대하여 30일로 환산하여 결정하며, 다음과 같은 계산 방식을 적용한다.
> • 소득월액 = 입사(복직) 당시 지급이 약정된 각 급여 항목에 대한 1년간 소득총액 ÷ 365 × 30

> 〈김갑동 씨의 급여 내역〉
> • 기본급 : 1,000,000원
> • 교통비 : 월 100,000원
> • 고정 시간외 수당 : 월 200,000원
> • 분기별 상여금 : 기본급의 100%(1, 4, 7, 10월 지급)
> • 하계휴가비(매년 7월 지급) : 500,000원

① 1,645,660원

② 1,652,055원

③ 1,668,900원

④ 1,727,050원

9 다음의 도표를 보고 분석한 내용으로 가장 옳지 않은 것을 고르면?

• 차종별 주행거리

구분	2016년		2017년		증감률(%)
	주행거리(천대·km)	구성비(%)	주행거리(천대·km)	구성비(%)	
승용차	328,812	72.2	338,753	71.3	3.0
버스	12,407	2.7	12,264	2.6	-1.2
화물차	114,596	25.1	123,657	26.1	7.9
계	455,815	100.0	474,674	100.0	4.1

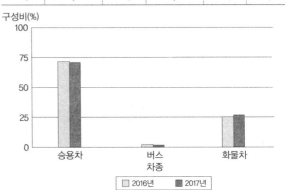

• 차종별 평균 일교통량

구분	2016년		2017년		증감률(%)
	교통량(대/일)	구성비(%)	교통량(대/일)	구성비(%)	
승용차	10,476	72.2	10,648	71.3	1.6
버스	395	2.7	386	2.6	-2.3
화물차	3,652	25.1	3,887	26.1	6.4
계	14,525	100.0	14,921	100.0	2.7

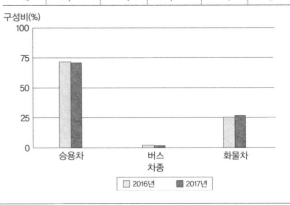

① 차종별 평균 일교통량에서 버스는 2016년에 비해 2017년에 와서는 -2.3 정도 감소하였음을 알 수 있다.

② 차종별 주행거리에서 화물차는 2016년에 비해 2017년에 7.9% 정도 감소하였음을 알 수 있다.

③ 차종별 평균 일교통량에서 화물차는 2016년에 비해 2017년에는 6.4% 정도 증가하였음을 알 수 있다.

④ 차종별 주행거리에서 버스의 주행거리는 2016년에 비해 2017년에는 -1.2% 정도 감소하였다.

10 다음 그림은 교통량 흐름에 관한 내용의 일부를 발췌한 것이다. 이에 대한 분석결과로써 가장 옳지 않은 항목을 고르면? (단, 교통수단은 승용차, 버스, 화물차로 한정한다.)

• 고속국도

구분	주행거리 (천대 · km)	구성비 (%)
승용차	153,946	68.5
버스	6,675	3.0
화물차	63,934	28.5
계	224,555	100.0

• 일반국도

구분	주행거리 (천대 · km)	구성비 (%)
승용차	123,341	75.7
버스	3,202	2.0
화물차	36,239	22.3
계	162,782	100.0

• 지방도 계

구분	주행거리 (천대 · km)	구성비 (%)
승용차	61,466	70.4
버스	2,387	2.7
화물차	23,484	26.9
계	87,337	100.0

• 국가지원지방도

구분	주행거리 (천대 · km)	구성비 (%)
승용차	18,164	70.1
버스	684	2.6
화물차	7,064	27.3
계	25,912	100.0

• 지방도

구분	주행거리 (천대 · km)	구성비 (%)
승용차	43,302	70.5
버스	1,703	2.8
화물차	16,420	26.7
계	61,425	100.0

① 고속국도에서 승용차는 주행거리 및 구성비 등이 다 교통수단에 비해 압도적으로 높음을 알 수 있다.

② 일반국도의 경우 주행거리는 버스가 3,202km로 가장 낮다.

③ 지방도로의 주행거리에서 보면 가장 높은 수단과 가장 낮은 수단과의 주행거리 차이는 47,752km이다.

④ 국가지원지방도로에서 구성비가 가장 높은 수단과 가장 낮은 수단과의 차이는 67.5%p이다.

11 A생산라인을 먼저 32시간 가동한 후, B생산라인까지 두 생산라인을 모두 가동하여 최종 10,000개의 정상제품을 납품하였다면 두 생산라인을 모두 가동한 시간은 얼마인가?

〈생산성 조건〉

• 불량률 체크 전 단계의 시제품 100개를 만드는 데 A생산라인만을 이용할 때는 4시간, B생산라인만을 이용할 때는 2시간이 걸린다.

• 두 라인을 동시에 가동하면 시간 당 정상제품 생산량이 각각 20%씩 상승한다.

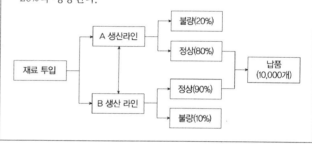

① 105시간

② 110시간

③ 115시간

④ 120시간

12 B양은 자동차 부품을 생산하는 M기계산업에 근무한다. 최근 자사 제품의 품질관리를 위해 생산 라인별 직원 1인당 생산량을 비교하라는 지시를 받았다. 자료를 참고할 때, B생산라인에 5명, D생산라인에 6명, E생산라인에 2명이 하루에 생산 할 수 있는 총생산량은 얼마인가?

생산라인	시설비	유지비	1인당 생산량
A : 수동라인	2천만 원	월 200만 원	하루 200set
B : 반자동라인	4천만 원	월 150만 원	하루 500set
C : 수동+반자동라인	5천만 원	월 180만 원	하루 600set
D : 반자동라인	8천만 원	월 120만 원	하루 700set
E : 자동라인	1억 원	월 100만 원	하루 800set

※ 생산 라인별 동일 제품 생산 시 직원 1인당 생산량 비교

① 6,300set

② 6,800set

③ 7,300set

④ 8,300set

13 다음 글을 근거로 판단할 때, 甲금속회사가 생산한 제품 A, B를 모두 판매하여 얻을 수 있는 최대 금액은?

- 甲금속회사는 특수구리합금 제품 A와 B를 생산 및 판매한다.
- 특수구리합금 제품 A, B는 10kg 단위로만 생산된다.
- 제품 A의 1kg당 가격은 300원이고, 제품 B의 1kg당 가격은 200원이다.
- 甲금속회사는 보유하고 있던 구리 710kg, 철 15kg, 주석 33kg, 아연 155kg, 망간 30kg 중 일부를 활용하여 아래 표의 질량 배합 비율에 따라 제품 A를 300kg 생산한 상태이다. (단, 개별 금속의 추가구입은 불가능하다)
- 합금 제품별 질량 배합 비율은 아래와 같으며 배합 비율을 만족하는 경우에만 제품이 될 수 있다.

(단위 : %)

구분	구리	철	주석	아연	망간
A	60	5	0	25	10
B	80	0	5	15	0

※ 배합된 개별 금속 질량의 합은 생산된 합금 제품의 질량과 같다.

① 195,000원

② 196,000원

③ 197,000원

④ 198,000원

│14~15│ 다음 자료를 보고 이어지는 물음에 답하시오.

〈갑시의 도시철도 노선별 연간 범죄 발생건수〉

(단위 : 건)

연도＼노선	1호선	2호선	3호선	4호선	합
2017년	224	271	82	39	616
2018년	252	318	38	61	669

〈갑시의 도시철도 노선별 연간 아동 상대 범죄 발생건수〉

(단위 : 건)

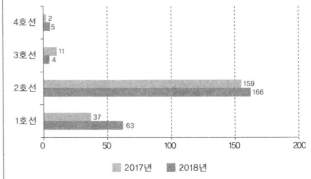

※ 노선별 범죄율 = 노선별 해당 범죄 발생건수 ÷ 전체 노선 해당 범죄 발생건수 × 100

※ 언급되지 않은 '갑'시의 다른 노선은 고려하지 않으며, 범죄 발생건수는 아동 상대 범죄 발생건수와 비아동 상대 범죄 발생건수로만 구성됨

14 다음 중 위의 자료에 대한 올바른 설명을 〈보기〉에서 모두 고른 것은 어느 것인가?

〈보기〉

㈎ 2018년 비아동 상대 범죄 발생건수는 4개 노선 모두 전년보다 증가하였다.

㈏ 2018년의 전년 대비 아동 상대 범죄 발생건수의 증가폭은 비아동 상대 범죄 발생건수의 증가폭보다 더 크다.

㈐ 2018년의 노선별 전체 범죄율이 10% 이하인 노선은 1개이다.

㈑ 두 해 모두 전체 범죄율이 가장 높은 노선은 2호선이다.

① ㈏, ㈐

② ㈏, ㈑

③ ㈎, ㈐

④ ㈎, ㈏

15 다음 중 2018년의 비아동 상대 범죄의 범죄율이 높은 노선부터 순서대로 올바르게 나열한 것은 어느 것인가?

① 1호선 - 2호선 - 4호선 - 3호선

② 1호선 - 4호선 - 2호선 - 3호선

③ 1호선 - 2호선 - 3호선 - 4호선

④ 2호선 - 1호선 - 4호선 - 3호선

16 ○○기업 직원인 A는 2018년 1월 1일 거래처 직원인 B와 전화통화를 하면서 ○○기업 소유 X물건을 1억 원에 매도하겠다는 청약을 하고, 그 승낙 여부를 2018년 1월 15일까지 통지해 달라고 하였다. 다음 날 A는 "2018년 1월 1일에 했던 청약을 철회합니다."라고 B와 전화통화를 하였는데, 같은 해 1월 12일 B는 "X물건에 대한 A의 청약을 승낙합니다."라는 내용의 서신을 발송하여 같은 해 1월 14일 A에게 도달하였다. 다음 법 규정을 근거로 판단할 때, 옳은 것은?

> 제○○조
> ① 청약은 상대방에게 도달한 때에 효력이 발생한다.
> ② 청약은 철회될 수 없는 것이더라도, 철회의 의사표시가 청약의 도달 전 또는 그와 동시에 상대방에게 도달하는 경우에는 철회될 수 있다.
> 제○○조 청약은 계약이 체결되기까지는 철회될 수 있지만, 상대방이 승낙의 통지를 발송하기 전에 철회의 의사표시가 상대방에게 도달되어야 한다. 다만 승낙기간의 지정 또는 그 밖의 방법으로 청약이 철회될 수 없음이 청약에 표시되어 있는 경우에는 청약은 철회될 수 없다.
> 제○○조
> ① 청약에 대한 동의를 표시하는 상대방의 진술 또는 그 밖의 행위는 승낙이 된다. 침묵이나 부작위는 그 자체만으로 승낙이 되지 않는다.
> ② 청약에 대한 승낙은 동의의 의사표시가 청약자에게 도달하는 시점에 효력이 발생한다. 청약자가 지정한 기간 내에 동의의 의사표시가 도달하지 않으면 승낙의 효력이 발생하지 않는다.
> 제○○조 계약은 청약에 대한 승낙의 효력이 발생한 시점에 성립된다.
> 제○○조 청약, 승낙, 그 밖의 의사표시는 상대방에게 구두로 통고된 때 또는 그 밖의 방법으로 상대방 본인, 상대방의 영업소나 우편주소에 전달된 때, 상대방이 영업소나 우편주소를 가지지 아니한 경우에는 그의 상거소(장소에 주소를 정하려는 의사 없이 상당기간 머무는 장소)에 전달된 때에 상대방에게 도달된다.

① 계약은 2018년 1월 15일에 성립되었다.

② 계약은 2018년 1월 14일에 성립되었다.

③ A의 청약은 2018년 1월 2일에 철회되었다.

④ B의 승낙은 2018년 1월 1일에 효력이 발생하였다.

17 소셜미디어 회사에 근무하는 甲은 사회 네트워크에 대한 이론을 바탕으로 자사 SNS 서비스를 이용하는 A~P에 대한 분석을 실시하였다. 甲이 분석한 내용 중 잘못된 것은?

> 사회 네트워크란 '사람들이 연결되어 있는 관계망'을 의미한다. '중심성'은 한 행위자가 전체 네트워크에서 중심에 위치하는 정도를 표현하는 지표이다. 중심성을 측정하는 방법에는 여러 가지가 있는데, 대표적인 것으로 '연결정도 중심성'과 '근접 중심성'의 두 가지 유형이 있다.
> '연결정도 중심성'은 사회 네트워크 내의 행위자와 직접적으로 연결되는 다른 행위자 수의 합으로 얻어진다. 이는 한 행위자가 다른 행위자들과 얼마만큼 관계를 맺고 있는가를 통하여 그 행위자가 사회 네트워크에서 중심에 위치하는 정도를 측정하는 것이다. 예를 들어 〈예시〉에서 행위자 A의 연결정도 중심성은 A와 직접 연결된 행위자의 숫자인 4가 된다.
> '근접 중심성'은 사회 네트워크에서의 두 행위자 간의 거리를 강조한다. 사회 네트워크상의 다른 행위자들과 가까운 위치에 있다면 그들과 쉽게 관계를 맺을 수 있고 따라서 그만큼 중심적인 역할을 담당한다고 간주한다. 연결정도 중심성과는 달리 근접 중심성은 네트워크 내에서 직·간접적으로 연결되는 모든 행위자들과의 최단거리의 합의 역수로 정의된다. 이때 직접 연결된 두 점의 거리는 1이다. 예를 들어 〈예시〉에서 A의 근접 중심성은 $\frac{1}{6}$이 된다.

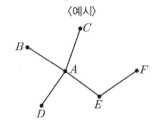

〈예시〉

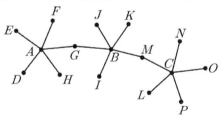

〈SNS 서비스를 이용하는 A~P의 사회 네트워크〉

① 행위자 G의 근접 중심성은 $\frac{1}{37}$이다.

② 행위자 A의 근접 중심성은 행위자 B의 근접 중심성과 동일하다.

③ 행위자 G의 근접 중심성은 행위자 M의 근접 중심성과 동일하다.

④ 행위자 G의 연결정도 중심성은 행위자 M의 연결정도 중심성과 동일하다.

▌18~19▐ 다음 글은 어린이집 입소기준에 대한 규정이다. 다음 글을 읽고 물음에 답하시오.

어린이집 입소기준
- 어린이집의 장은 당해시설에 결원이 생겼을 때마다 '명부 작성방법' 및 '입소 우선순위'를 기준으로 작성된 명부의 선 순위자를 우선 입소조치 한다.

명부작성방법
- 동일 입소신청자가 1 · 2순위 항목에 중복 해당되는 경우, 해당 항목별 점수를 합하여 점수가 높은 순으로 명부를 작성함
- 1순위 항목당 100점, 2순위 항목당 50점 산정
  - 다만, 2순위 항목만 있는 경우 점수합계가 1순위 항목이 있는 자보다 같거나 높더라도 1순위 항목이 있는 자보다 우선순위가 될 수 없으며, 1순위 항목점수가 동일한 경우에 한하여 2순위 항목에 해당될 경우 추가합산 가능함
- 영유아 2자녀 이상 가구가 동일 순위일 경우 다자녀가구 자녀가 우선입소
- 대기자 명부 조정은 매분기 시작 월 1일을 기준으로 함

입소 우선순위
- 1순위
  - 국민기초생활보장법에 따른 수급자
  - 국민기초생활보장법 제24조의 규정에 의한 차상위계층의 자녀
  - 장애인 중 보건복지부령이 정하는 장애 등급 이상에 해당하는 자의 자녀
  - 아동복지시설에서 생활 중인 영유아
  - 다문화가족의 영유아
  - 자녀가 3명 이상인 가구 또는 영유아가 2자녀인 가구의 영유아
  - 산업단지 입주기업체 및 지원기관 근로자의 자녀로서 산업단지에 설치된 어린이집을 이용하는 영유아
- 2순위
  - 한부모 가족의 영유아
  - 조손 가족의 영유아
  - 입양된 영유아

---

18 어린이집에 근무하는 A씨가 접수합계를 내보니, 두 영유아가 1순위 항목에서 동일한 점수를 얻었다. 이 경우에는 어떻게 해야 하는가?

① 두 영유아 모두 입소조치 한다.

② 다자녀가구 자녀를 우선 입소조치 한다.

③ 한부모 가족의 영유아를 우선 입소조치 한다.

④ 2순위 항목에 해당될 경우 1순위 항목에 추가합산 한다.

19 다음에 주어진 영유아들의 입소순위로 높은 것부터 나열한 것은?

- ㉠ 혈족으로는 할머니가 유일하나, 현재는 아동복지시설에서 생활 중인 영유아
- ㉡ 아버지를 여의고 어머니가 근무하는 산업단지에 설치된 어린이집을 동생과 함께 이용하는 영유아
- ㉢ 동남아에서 건너온 어머니와 가장 높은 장애 등급을 가진 한국인 아버지가 국민기초생활보장법에 의한 차상위 계층에 해당되는 영유아

---

① ㉠ - ㉡ - ㉢   ② ㉡ - ㉠ - ㉢

③ ㉡ - ㉢ - ㉠   ④ ㉢ - ㉡ - ㉠

20 아래의 내용은 직장만족 및 직무몰입에 대한 A, B, C, D의 견해를 나타낸 것이다. A~D까지 각각의 견해에 관한 진술로써 가장 옳은 내용을 고르면?

어느 회사의 임직원을 대상으로 조사한 결과에 대해 상이한 견해가 있다. A는 직무 몰입도가 높으면 직장 만족도가 높고 직무 몰입도가 낮으면 직장 만족도도 낮다고 해석하여, 직무 몰입도가 직장 만족도를 결정한다고 결론지었다. B는 일찍 출근하는 사람의 직무 몰입도와 직장 만족도가 높고, 그렇지 않은 경우 직무 몰입도와 직장 만족도가 낮다고 결론지었다. C는 B의 견해에 동의하면서, 근속 기간이 길수록 빨리 출근 한다고 보고, 전자가 후자에 영향을 준다고 해석하였다. D는 직장 만족도가 높으면 직무 몰입도가 높고 직장 만족도가 낮으면 직무 몰입도도 낮다고 해석하여, 직장 만족도가 직무 몰입도를 결정한다고 결론지었다.

---

① 일찍 출근하며 직무 몰입도가 높고 직장에도 만족하는 임직원이 많을수록 A의 결론이 B의 결론보다 강화된다.

② 직장에는 만족하지만 직무에 몰입하지 않는 임직원이 많을수록 A의 결론은 강화되고 D의 결론은 약화된다.

③ 직무에 몰입하지만 직장에는 만족하지 않는 임직원이 많을수록 A의 결론은 약화되고 D의 결론은 강화된다.

④ 일찍 출근하지만 직무에 몰입하지 않는 임직원이 많을수록 B와 C의 결론이 약화된다.

21 김 사원, 이 사원, 박 사원, 정 사원, 최 사원은 신입사원 오리엔테이션을 받으며 왼쪽부터 순서대로 앉아 강의를 들었다. 각기 다른 부서로 배치된 이들은 4년 후 신규 대리 진급자 시험을 보기 위해 다시 같은 강의실에 모이게 되었다. 다음의 〈조건〉을 모두 만족할 때, 어떤 경우에도 바로 옆에 앉는 두 사람은 누구인가?

〈조건〉
A. 신규 대리 진급자 시험에 응시하는 사람은 김 사원, 이 사원, 박 사원, 정 사원, 최 사원뿐이다.
B. 오리엔테이션 당시 앉았던 위치와 같은 위치에 앉아서 시험을 보는 직원은 아무도 없다.
C. 김 사원과 박 사원 사이에는 1명이 앉아 있다.
D. 이 사원과 정 사원 사이에는 2명이 앉아 있다.

① 김 사원, 최 사원
② 이 사원, 박 사원
③ 김 사원, 이 사원
④ 정 사원, 최 사원

22 다음 조건을 만족할 때, 민 대리가 설정해 둔 비밀번호는?

• 민 대리가 설정한 비밀번호는 0~9까지의 숫자를 이용한 4자리수이며, 같은 수는 연달아 한 번 반복된다.
• 4자리의 수를 모두 더한 수는 11이며, 모두 곱한 수는 20보다 크다.
• 4자리의 수 중 가장 큰 수와 가장 작은 수는 5만큼의 차이가 난다.
• 비밀번호는 첫 번째 자릿수인 1을 시작으로 오름차순으로 설정하였다.

① 1127
② 1226
③ 1235
④ 1334

23 다음 〈조건〉을 근거로 판단할 때, 〈보기〉에서 옳은 것만을 모두 고르면?

〈조건〉
• 인공지능 컴퓨터와 매번 대결할 때마다, 甲은 A, B, C전략 중 하나를 선택할 수 있다.
• 인공지능 컴퓨터는 대결을 거듭할수록 학습을 통해 각각의 전략에 대응하므로, 동일한 전략을 사용할수록 甲이 승리할 확률은 하락한다.
• 각각의 전략을 사용한 횟수에 따라 각 대결에서 甲이 승리할 확률은 아래와 같고, 甲도 그 사실을 알고 있다.
• 전략별 사용횟수에 따른 甲의 승률

(단위 : %)

전략별 사용횟수 / 전략종류	1회	2회	3회	4회
A전략	60	50	40	0
B전략	70	30	20	0
C전략	90	40	10	0

㉠ 甲이 총 3번의 대결을 하면서 각 대결에서 승리할 확률이 가장 높은 전략부터 순서대로 선택한다면, 3가지 전략을 각각 1회씩 사용해야 한다.
㉡ 甲이 총 5번의 대결을 하면서 각 대결에서 승리할 확률이 가장 높은 전략부터 순서대로 선택한다면, 5번째 대결에서는 B전략을 사용해야 한다.
㉢ 甲이 1개의 전략만을 사용하여 총 3번의 대결을 하면서 3번 모두 승리할 확률을 가장 높이려면, A전략을 선택해야 한다.
㉣ 甲이 1개의 전략만을 사용하여 총 2번의 대결을 하면서 2번 모두 패배할 확률을 가장 낮추려면, A전략을 선택해야 한다.

① ㉠, ㉡
② ㉠, ㉢
③ ㉡, ㉣
④ ㉠, ㉢, ㉣

| 24~25 | 다음 자료를 보고 이어지는 물음에 답하시오.

〈입찰 관련 낙찰업체 선정 기준〉

1. 1차 평가 : 책임건축사의 경력 및 실적(50점)

구분	배점	등급				
[경력] 전문분야 신축 건축설계 경력기간 합산 평가	20점	20년 이상	20년 미만 18년 이상	18년 미만 16년 이상	16년 미만 14년 이상	14년 미만
		20.0	16.0	12.0	8.0	0
[수행실적] 공고일 기준 최근 10년간 업무시설 신축 건축설계 수행실적	30점	4건 이상	3건 이상	2건 이상	1건 이상	1건 미만
		30.0	25.0	20.0	15.0	0

2. 2차 평가 : 계약회사 및 협력회사(50점)

1) 계약회사(건축설계) 30점

구분	배점		등급				
[수행실적] 공고일 기준 최근 10년간 건축회사의 업무시설 신축 건축설계 수행실적	건수	15점	4건 이상	3건 이상	2건 이상	1건 이상	1건 미만
			15.0	12.0	9.0	6.0	0
	면적	15점	8만㎡ 이상	8만㎡ 미만 6만㎡ 이상	6만㎡ 미만 4만㎡ 이상	4만㎡ 미만 2만㎡ 이상	2만㎡ 미만
			15.0	12.0	9.0	6.0	0

2) 협력회사(정비계획, 지하 공간 등) 20점

구분	배점	등급				
[수행실적] 정비계획 실적 (착수~고시)	10점	4건 이상	3건 이상	2건 이상	1건 이상	1건 미만
		10.0	8.0	6.0	4.0	0
[지하 공간 수행실적] 지하공공보행통로 설계 실적	10점	4건 이상	3건 이상	2건 이상	1건 이상	1건 미만
		10.0	8.0	6.0	4.0	0

3. 환산점수 : 해당회사 점수 합계 ÷ 100 × 20

■ 환산점수 20점과 입찰 가격 80점을 합하여 100점 만점에 최고 득점 업체로 선정함

24 다음 중 위의 낙찰업체 선정 기준에 대한 설명으로 올바르지 않은 것은?

① 책임건축사와 계약회사가 모두 경력이 많을수록 낙찰될 확률이 높다.

② 책임건축사의 경력기간이 10년인 업체와 15년인 업체와의 환산점수는 8점의 차이가 난다.

③ 협력회사의 수행실적은 착수 단계에서 고시가 완료된 단계까지가 포함된 것을 인정한다.

④ 계약회사의 수행실적에서는 수행 면적의 크기도 평가 항목에 포함된다.

25 1, 2차 평가를 거쳐 가격 점수와 함께 비교 대상이 된 다음 2개 업체의 환산점수는 각각 몇 점인가?

구분		A	B
책임건축사	경력기간	18년	16년
	실적	3건	4건
계약회사	건수	3건	2건
	면적	4.5만㎡	6만㎡
협력회사	정비계획	4건	3건
	지하 공간	2건	3건

① 15.5점, 15.5점

② 15.8점, 15.6점

③ 15.3점, 15.6점

④ 15.6점, 15.8점

26 다음은 A 커피 전문점의 환경 분석결과이다. 자료를 읽고 A 커피 전문점의 환경 분석결과에 가장 적절한 전략을 고르시오.

〈A 커피 전문점의 환경 분석결과〉	
강점 (Strength)	• 강력한 브랜드 파워 • 커스터마이징이 가능한 고객 주문 방식 구축
약점 (Weakness)	• 비싼 제품 가격에 대한 부정적 인식 • 타사와 쉽게 차별화되지 않는 제품의 맛
기회 (Opportunity)	• 가치중심적 구매 행태 확산 • 1인당 커피 소비량 증가
위협 (Threat)	• 원두 생산공정의 기계화, 화학화로 인한 품질 저하 • 불합리한 원두생산공정에 관한 사회적 인식 증대 • 커피 전문점 브랜드의 난립

〈자료〉

SWOT이란, 강점(Strength), 약점(Weakness), 기회(Opportunity), 위협(Threat)의 머리글자를 모아 만든 단어로 경영 전략을 수립하기 위한 도구이다. SWOT분석을 통해 도출된 조직의 외부/내부 환경을 분석 결과를 통해 각각에 대응하는 전략을 도출하게 된다.

• SO전략 : 기회를 활용하면서 강점을 더욱 강화하는 공격적인 전략
• WO전략 : 외부환경의 기회를 활용하면서 자신의 약점을 보완하는 전략→기업이 처한 국면의 전환을 가능하게 할 수 있다.
• ST전략 : 외부환경의 위험요소를 회피하면서 강점을 활용하는 전략
• WT전략 : 외부환경의 위험요인을 회피하고 자사의 약점을 보완하는 전략→방어적 성격

내부환경 외부환경	강점(Strength)	약점(Weakness)
기회(Opportunity)	SO전략 (강점-기회 전략)	WO전략 (약점-기회 전략)
위협(Threat)	ST전략 (강점-위협 전략)	WT전략 (약점-위협 전략)

내부환경 외부환경	강점(Strength)	약점(Weakness)
기회 (Opportunity)	① 가격할인 프로모션을 통한 브랜드 홍보 전략	② 타사 벤치마킹을 통한 신제품 개발 착수
위협 (Threat)	③ 제품 라인 축소를 통한 비용 감축 시도	④ '공정무역원두만을 사용한 커피 판매' CSR 캠페인 전개

27 호텔 연회부에 근무하는 A는 연회장 예약일정 관리를 담당하고 있다. 다음과 같이 예약이 되어있는 상황에서 "12월 첫째 주 또는 둘째 주에 회사 송년의 밤 행사를 위해서 연회장을 예약하려고 합니다. 총 인원은 250명이고 월, 화, 수요일은 피하고 싶습니다. 예약이 가능할까요?"라는 고객의 전화를 받았을 때, A의 판단으로 옳지 않은 것은?

〈12월 예약 일정〉						
				※ 예약 : 연회장 이름(시작시간)		
월	화	수	목	금	토	일
1 실버(13) 블루(14)	2 레드(16)	3 블루(13) 골드(14)	4 골드(13) 블루(17)	5 골드(14) 실버(17)	6 실버(13) 골드(15)	7 레드(10) 블루(16)
8 실버(13) 블루(16)	9 레드(16)	10 골드(14) 블루(17)	11 레드(13) 골드(17)	12 골드(12)	13 골드(12)	14 실버(10) 레드(15)

〈호텔 연회장 현황〉

연회장 구분	수용 가능 인원	최소 투입인력	연회장 이용시간
레드	200명	25명	3시간
블루	300명	30명	2시간
실버	200명	30명	3시간
골드	300명	40명	3시간

※ 오후 9시에 모든 업무를 종료함
※ 연회부의 동 시간대 투입 인력은 총 70명을 넘을 수 없음
※ 연회시작 전, 후 1시간씩 연회장 세팅 및 정리

① 인원을 고려했을 때 블루 연회장고 골드 연회장이 적합하겠군.
② 송년의 밤 행사이니 저녁 시간대 중 가능한 일자를 확인해야 해.
③ 목요일부터 일요일까지 일정을 확인했을 때 평일은 예약이 불가능해.
④ 모든 조건을 고려했을 때 가능한 연회장은 13일 블루 연회장뿐이구나.

28 무역상사 영업팀에 근무 중인 당신은 상사인 과장님과의 파리 출장스케줄을 조율하는 업무를 맡아 처리해야 한다. 항공편을 알아보던 도중 "속보입니다. 중국과 러시아 간의 천연 가스 갈등이 카자흐스탄 내전으로 확대되는 형국입니다. 현재 카자흐스탄 전역이 내전에 휘말렸으며, 이에 따라 카자흐스탄 영공을 지나가는 항공편의 안전이 위협받고 있습니다."라는 뉴스를 들었을 때, 당신이 해야 할 행동으로 가장 적절한 것은?

〈예약 가능한 비행기 스케줄〉

항공편	ICN, 서울 (현지 시간 기준)		CDG, 파리 (현지 시간 기준)		경유 여부
240	출발	7/1 09:30	출발	7/1 16:30	1회 (핀란드 헬싱키)
	도착	7/5 08:00	도착	7/4 11:00	
241	출발	7/1 10:30	출발	7/1 16:00	직항
	도착	7/5 07:30	도착	7/4 12:00	
501	출발	7/1 12:00	출발	7/1 21:00	1회 (중국 홍콩)
	도착	7/5 09:30	도착	7/4 10:30	

※ 항공료 : 240편- 1,120,000원, 241편- 1,400,000원, 501편- 1,008,000원

※ 서울과 파리 간 시차는 서울이 7시간 빠르다.

※ 같은 항공편 안에서 소용되는 비행시간은 동일하다.

① 240 항공편을 예약한다.

② 241 항공편을 예약한다.

③ 501 항공편을 예약한다.

④ 현재 상황을 과장님에게 보고하고 출장스케줄을 조정한다.

▌29~30▌ A 식음료 기업 직영점에 점장이 된 B는 새로운 아르바이트생을 모집하고 있으며, 아래의 채용공고를 보고 지원한 사람들의 명단을 정리하였다. 다음을 바탕으로 물음에 답하시오.

〈아르바이트 모집공고 안내〉

✓ 채용 인원 : 미정

✓ 시급 : 7,000원

✓ 근무 시작 : 8월 9일

✓ 근무 요일 : 월~금 매일(면접 시 협의)

✓ 근무 시간 : 8:00~12:00/ 12:00~16:00/ 16:00~20:00 중 4시간 이상(면접 시 협의)

✓ 우대 조건 : 동종업계 경력자, 바리스타 자격증 보유자, 6개월 이상 근무 가능자

※ 지원자들은 이메일(BBBBB@jumjang.com)로 이력서를 보내주시기 바랍니다.

※ 희망 근무 요일과 희망 근무 시간대를 반드시 기입해 주세요.

〈지원자 명단〉

	N18		
	A	B	C	D
1	이름	희망 근무 요일	희망 근무 시간	우대 조건
2	강한결	월, 화, 수, 목, 금	8:00 ~ 16:00	
3	금나래	화, 목	8:00 ~ 20:00	
4	김샛별	월, 수, 금	8:00 ~ 16:00	6개월 이상 근무 가능
5	송민국	월, 화, 수, 목, 금	16:00 ~ 20:00	타사 카페 6개월 경력
6	은빛나	화, 목	16:00 ~ 20:00	바리스타 자격증 보유
7	이초롱	월, 수, 금	8:00 ~ 16:00	
8	한마음	월, 화, 수, 목, 금	12:00 ~ 20:00	
9	현명한	월, 화, 수, 목, 금	16:00 ~ 20:00	

29 점장 B는 효율적인 직원 관리를 위해 최소 비용으로 최소 인원을 채용하기로 하였다. 평일 오전 8시부터 오후 8시까지 계속 1명 이상의 아르바이트생이 점포 내에 있어야 한다고 할 때, 채용에 포함될 지원자는?

① 김샛별   ② 송민국

③ 한마음   ④ 현명한

30 직원 채용 후 한 달 뒤, 오전 8시에서 오후 4시 사이에 일했던 직원이 그만두어 그 시간대에 일할 직원을 다시 채용하게 되었다. 미채용 되었던 인원들에게 연락할 때, 점장 B가 먼저 연락하게 될 지원자들을 묶은 것으로 적절한 것은?

① 강한결, 금나래

② 금나래, 김샛별

③ 금나래, 이초롱

④ 김샛별, 은빛나

31 G사 홍보팀에서는 다음과 같이 직원들의 수당을 지급하고자 한다. C12셀부터 D15셀까지 기재된 사항을 참고로 D열에 수식을 넣어 직책별 수당을 작성하였다. D2셀에 수식을 넣어 D10까지 드래그 하여 다음과 같은 자료를 작성하였다면, D2셀에 들어가야 할 적절한 수식은 어느 것인가?

	A	B	C	D
1	사번	직책	기본급	수당
2	9610114	대리	1,720,000	450,000
3	9610070	대리	1,800,000	450,000
4	9410065	과장	2,300,000	550,000
5	9810112	사원	1,500,000	400,000
6	9410105	과장	2,450,000	550,000
7	9010043	부장	3,850,000	650,000
8	9510036	대리	1,750,000	450,000
9	9410068	과장	2,380,000	550,000
10	9810020	사원	1,500,000	400,000
11				
12			부장	650,000
13			과장	550,000
14			대리	450,000
15			사원	400,000

① =VLOOKUP(C12,$C$12:$D$15,2,1)

② =VLOOKUP(C12,$C$12:$D$15,2,0)

③ =VLOOKUP(B2,$C$12:$D$15,2,0)

④ =VLOOKUP(B2,$C$12:$D$15,2,1)

32 다음은 '데이터 통합'을 실행하기 위한 방법을 설명하고 있다. 〈보기〉에 설명된 실행 방법 중 올바른 설명을 모두 고른 것은?

〈보기〉
(개) 원본 데이터가 변경되면 자동으로 통합 기능을 이용해 구한 계산 결과가 변경되게 할지 여부를 선택할 수 있다.
(내) 여러 시트에 입력되어 있는 데이터들을 하나로 통합할 수 있으나 다른 통합 문서에 입력되어 있는 데이터를 통합할 수는 없다.
(대) 통합 기능에서는 표준편차와 분산 함수도 사용할 수 있다.
(라) 다른 원본 영역의 레이블과 일치하지 않는 레이블이 있는 경우에도 통합 기능을 수행할 수 있다.

① (내), (대), (라)

② (개), (내), (대)

③ (개), (내), (라)

④ (개), (대), (라)

33 원모와 친구들은 여름휴가를 와서 바다에 입수하기 전 팬션 1층에 모여 날씨가 궁금해 인터넷을 통해 날씨를 보고 있다. 이때 아래에 주어진 조건을 참조하여 원모와 친구들 중 주어진 날씨 데이터를 잘못 이해한 사람을 고르면?

(조건 1) 현재시간은 월요일 오후 15시이다.
(조건 2) 4명의 휴가기간은 월요일 오후 15시(팬션 첫날)부터 금요일 오전 11시(팬션 마지막 날)까지이다.

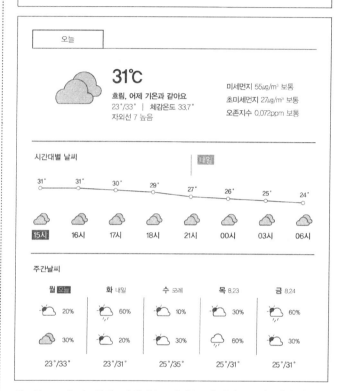

① 원모 : 우리 팬션 퇴실하는 날에는 우산을 준비 해야겠어.

② 형일 : 내일 오전에는 비가 와서 우산 없이는 바다를 보며 산책하기는 어려울 것 같아.

③ 우진 : 우리들이 휴가 온 이번 주 날씨 중에서 수요일 오후 온도가 가장 높아.

④ 연철 : 자정이 되면 지금보다 온도가 더 높아져서 열대야 현상으로 인해 오늘밤 잠을 자기가 힘들 거야.

34 다음 아래의 2가지 메신저에 대한 내용을 보고 잘못 말하고 있는 사람을 고르면?

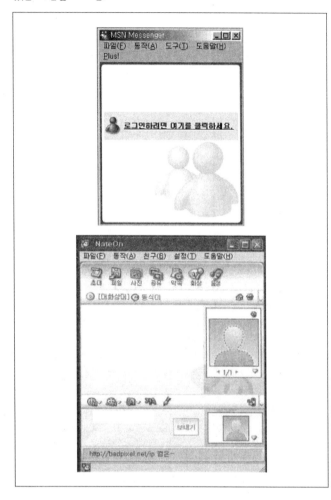

① 유희 : 위와 같은 메신저를 사용하게 되면 상대가 인터넷에 접속해 있는지를 확인할 수 있으므로 응답이 즉각적으로 이루어져서 전자우편보다 훨씬 속도가 빠르지.

② 병훈 : 인터넷에 연결되어 있기 때문에 각종 뉴스나 증권, 음악 정보 등의 서비스도 제공받을 수 있어.

③ 윤철 : 대부분의 메신저는 FTP를 거쳐야만 파일을 교환할 수 있어.

④ 정태 : 메신저는 프로그램을 갖춘 사이트에 접속하여 회원으로 등록한 후에 해당 프로그램을 다운로드 받아 컴퓨터에 설치하여 사용하면 되고, 회원가입과 사용료는 대부분 무료야.

35 다음의 알고리즘에서 인쇄되는 S는?

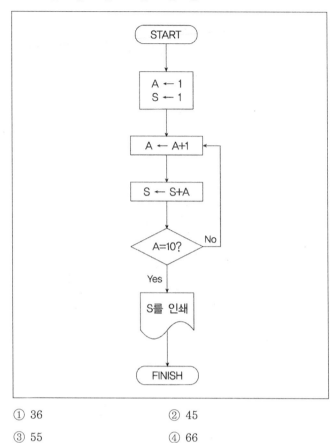

① 36
② 45
③ 55
④ 66

36 다음의 워크시트에서 추리영역이 90점 이상인 사람의 수를 구하고자 할 때, [D8] 셀에 입력할 수식으로 옳은 것은?

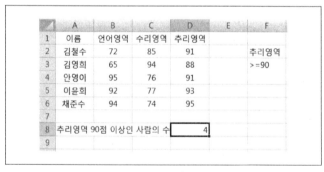

	A	B	C	D	E	F
1	이름	언어영역	수리영역	추리영역		
2	김철수	72	85	91		추리영역
3	김영희	65	94	88		>=90
4	안영이	95	76	91		
5	이윤희	92	77	93		
6	채준수	94	74	95		
7						
8	추리영역 90점 이상인 사람의 수			4		
9						

① =DSUM(A1:D6,4,F2:F3)

② =DSUM(A1:D6,3,F2:F3)

③ =DCOUNT(A1:D6,3,F2:F3)

④ =DCOUNT(A1:D6,4,F2:F3)

37 다음 워크시트에서 연봉이 3천만원 이상인 사원들의 총 연봉액을 구하는 함수식으로 옳은 것은?

	A	B
1	사원	연봉
2	한길동	25,000,000
3	이미순	30,000,000
4	소순미	18,000,000
5	김동준	26,000,000
6	김사라	27,000,000
7	나미수	19,000,000
8	전진연	40,000,000
9	김연지	26,000,000
10	채지수	31,000,000

① =SUMIF(B2:B10,">30000000")

② =SUMIF(B2:B10,">=30000000")

③ =SUMIF(A2:A10,">=30000000")

④ =SUM(B2:B10,">=30000000")

38 다음의 워크시트에서 2학년의 평균점수를 구하고자 할 때 [F5] 셀에 입력할 수식으로 옳은 것은?

	A	B	C	D	E	F
1	이름	학년	점수			
2	윤성희	1학년	100			
3	이지연	2학년	95			
4	유준호	3학년	80		학년	평균점수
5	송민기	2학년	80		2학년	
6	유시준	1학년	100			
7	임정순	4학년	85			
8	김정기	2학년	95			
9	신길동	4학년	80			

① =DAVERAGE(A1:C9,3,E4:E5)

② =DAVERAGE(A1:C9,2,E4:E5)

③ =DAVERAGE(A1:C9,3,E4:E4)

④ =DMAX(A1:C9,3,E4:E5)

39 다음 워크시트는 학생들의 수리영역 성적을 토대로 순위를 매긴 것이다. 다음 중 [C2] 셀의 수식으로 옳은 것은?

	A	B	C
1		수리영역	순위
2	이순자	80	3
3	이준영	95	2
4	정소이	50	7
5	금나라	65	6
6	윤민준	70	5
7	도성민	75	4
8	최지애	100	1

① =RANK(B2,$B$2:$B$8)

② =RANK(B2,$B$2:$B$8,1)

③ =RANK(C2,$B$2:$B$8)

④ =RANK(C2,$B$2:$B$8,0)

40 G사는 사내 진급자들을 대상으로 다음과 같은 교육 평가 자료를 만들었다. 무역실무 점수가 80점 이상인 직원을 선별하여 선별된 직원들의 총점의 합계를 구하고자 한다. 이를 위한 적절한 수식은 어느 것인가?

	A	B	C	D	E
1	성명	무역실무	외환관리	법무지식	총점
2	남길영	89	78	80	247
3	엄상철	60	70	89	219
4	권민호	90	90	60	240
5	신서윤	79	67	77	223
6					
7		무역실무			
8		>=80			
9					

① =DCOUNT(A1:E5,5,B7:B8)

② =DSUM(A1:E5,5,B7:B8)

③ =DCOUNTA(A1:E5,5,B7:B8)

④ =DSUM($A$1:$E$5,5,B7:B8)

【41~42】 T사에 입사한 당신은 시스템 모니터링 및 관리 업무를 담당하게 되었다. 시스템을 숙지한 후 이어지는 상황에 알맞은 입력코드를 고르시오.

〈시스템 상태 및 조치〉

System is processing requests...
System Code is S.
Run...

Error found!
Index AXNGR of File WOANMR.

Final code? |_____

항목	세부사항
Index @@ of File@@	• 오류 문자 : Index 뒤에 나타나는 문제 • 오류 발생 위치 : File 뒤에 나타나는 문자
Error Value	• 오류 문자와 오류 발생 위치를 의미하는 문자에 사용된 알파벳을 비교하여 일치하는 알파벳의 개수를 확인
Final Code	• Error Value를 통하여 시스템 상태 판단

〈시스템 상태 판단 기준〉

판단 기준	Final Code
일치하는 알파벳의 개수 = 0	Svem
0 < 일치하는 알파벳의 개수 ≤ 1	Atur
1 < 일치하는 알파벳의 개수 ≤ 3	Lind
3 < 일치하는 알파벳의 개수	Nugre

41

〈상황〉

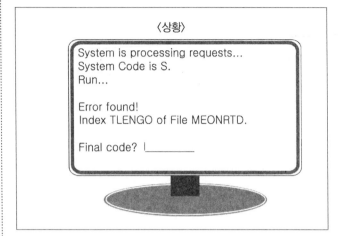

System is processing requests...
System Code is S.
Run...

Error found!
Index TLENGO of File MEONRTD.

Final code? |_____

① Svem   ② Atur
③ Lind   ④ Nugre

42

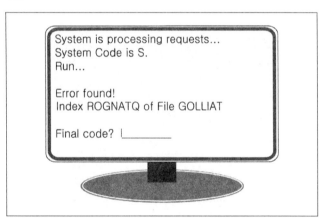

System is processing requests...
System Code is S.
Run...

Error found!
Index ROGNATQ of File GOLLIAT

Final code? |_____

① Svem   ② Atur
③ Lind   ④ Nugre

▌43~45▌ 다음 물류 창고 내 재고상품의 코드 목록을 보고 이어지는 질문에 답하시오.

[재고상품 코드번호 예시]

2019년 4월 20일 오전 3시 15분에 입고된 강원도 목장3에서 생산한 산양의 초유 코드 190420A031502E3C

190420	A0315	02E	3C
입고연월일	입고시간	지역코드+고유번호	분류코드+고유번호

입고연월일	입고시간	생산 목장		제품 종류		
		지역코드	고유번호	분류코드		고유번호
		01 경기	A 목장1	1 우유	A	소
			B 목장1		B	염소
			C 목장1		C	산양
		02 강원	D 목장2	2 분유	A	소
			E 목장3		B	염소
		03 충북	F 목장1		C	산양
•190415	•A0102		G 목장2	3 초유	A	소
–2019년 4월 15일	–오전 1시 2분	04 충남	H 목장1		B	염소
			I 목장1		C	산양
•190425	•P0607	05 경북	J 목장2	4 버터	A	소
–2019년 4월 25일	–오후 6시 7분	06 경남	K 목장1		B	염소
			L 목장2		C	산양
		07 전북	M 목장1	5 치즈	A	소
			N 목장2		B	염소
		08 전남	O 목장1		C	산양
		09 제주	P 목장1	6 털	B	염소
			Q 목장2		C	산양

---

43 재고상품 중 2019년 4월 22일 오후 4시 14분에 입고된 경상북도 목장2에서 생산한 염소 치즈의 코드로 알맞은 것은 무엇인가?

① 190422P041405L5B ② 190422P041405J5B

③ 190422A041405J5B ④ 190422P041405J5C

44 물류 창고 관리자인 甲은 경북 지역에서 발생한 구제역으로 인하여 창고 내 재고상품 중 털 제품을 제외하고 경북 지역의 목장에서 생산된 제품을 모두 폐기하기로 하였다. 다음 중 폐기해야 하는 제품이 아닌 것은?

① 190401A080905I2C ② 190425P014505J1A

③ 190311A095905J4B ④ 190428P112505I6C

45 코드번호가 190428PO32503G2B인 제품에 대한 설명으로 옳지 않은 것은?

① 2019년 4월 28일에 입고된 제품이다.

② 입고일 오후 3시 25분에 입고되었다.

③ 충청남도 목장1에서 생산된 제품이다.

④ 염소 분유 제품이다.

▌46~47▌ 다음은 상태 계기판에 관한 내용이다. 물음에 답하시오.

〈조건〉

상태 계기판을 확인하고, 각 계기판이 가리키는 수치들을 표와 대조하여, 아래와 같은 적절한 행동을 취하시오.

㉠ 안전 : 그대로 둔다.

㉡ 경계 : 파란 레버를 내린다.

㉢ 경고 : 빨간 버튼을 누른다.

알림은 안전, 경계, 경고 순으로 격상되고, 역순으로 격하한다.

〈표〉

상태	허용 범위	알림
α	A와 B의 평균 ≤ 10	안전
	$10 <$ A와 B의 평균 < 20	경계
	A와 B의 평균 ≥ 20	경고
χ	$|A-B| \leq 20$	안전
	$20 < |A-B| < 30$	경계
	$30 \leq |A-B|$	경고
π	$3 \times A > B$	안전
	$3 \times A = B$	경계
	$3 \times A < B$	경고

46

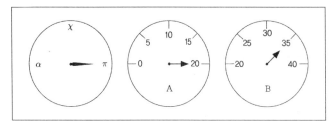

① 그대로 둔다.

② 파란 레버를 내린다.

③ 파란 레버를 올린다.

④ 빨간 버튼을 누른다.

47

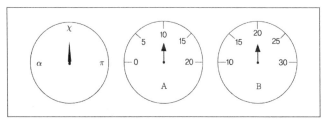

① 그대로 둔다.

② 파란 레버를 내린다.

③ 파란 레버를 올린다.

④ 빨간 버튼을 누른다.

▌48~50▐ 다음 표를 참고하여 물음에 답하시오.

스위치	기능
☆	1번과 3번 기계를 180° 회전
★	1번과 4번 기계를 180° 회전
○	2번과 3번 기계를 180° 회전
●	2번과 4번 기계를 180° 회전
◇	1번과 3번 기계의 작동상태를 서로 바꿈
◆	1번과 4번 기계의 장동상태를 서로 바꿈
□	2번과 3번 기계의 작동상태를 서로 바꿈
■	2번과 4번 기계의 작동상태를 서로 바꿈

△ = 운전, ▲ = 정지, ◬ = 대기

48 왼쪽의 상태에서 스위치를 한 번 눌렀더니 오른쪽과 같은 상태로 바뀌었다. 어떤 스위치를 눌렀는가?

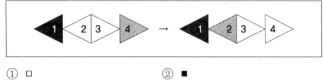

① □

② ■

③ ◇

④ ◆

49 왼쪽의 상태에서 스위치를 두 번 눌렀더니 오른쪽과 같은 상태로 바뀌었다. 어떤 스위치를 눌렀는가?

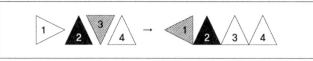

① ☆, □

② ○, □

③ ☆, ◇

④ ●, ◆

50 왼쪽의 상태에서 스위치를 세 번 눌렀더니 오른쪽과 같은 상태로 바뀌었다. 어떤 스위치를 눌렀는가?

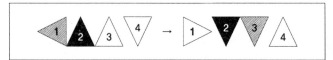

① ★, ◆, ○

② ★, ◇, ○

③ ☆, ◆, ●

④ ★, ◇, ●

51 다음과 같은 스위치의 기능을 참고할 때, 〈보기〉와 같은 모양의 변화가 일어나기 위해서 세 번의 스위치를 눌렀다면, 순서대로 누른 스위치가 올바르게 짝지어진 것은 어느 것인가? (〈보기〉: 위에서부터 순서대로 1~4번 도형임)

스위치	기능
★	1번, 3번 도형을 시계 방향으로 90도 회전 후 1번만 색깔 변경
☆	2번, 4번 도형을 시계 방향으로 90도 회전 후 4번만 색깔 변경
▲	1번, 2번 도형을 시계 반대 방향으로 90도 회전 후 짝수만 색깔 변경
△	3번, 4번 도형을 시계 반대 방향으로 90도 회전 후 홀수만 색깔 변경

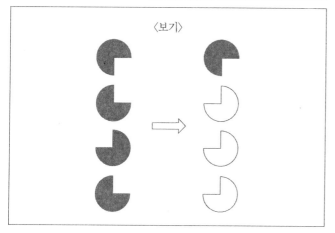

〈보기〉

① ☆, ☆, ▲

② ★, ▲, △

③ ▲, △, ★

④ ▲, ▲, ★

┃52~53┃ 다음 표를 참고하여 이어지는 물음에 답하시오.

스위치		기능
방향 조작	★	1번째, 3번째 기계를 시계 방향으로 90도 회전함
	☆	2번째, 4번째 기계를 시계 방향으로 90도 회전함
	▲	1번째, 2번째 기계를 시계 반대 방향으로 90도 회전함
	△	3번째, 4번째 기계를 시계 반대 방향으로 90도 회전함
운전 조작	▣	1번째와 3번째 기계 작동 / 정지
	◈	2번째와 3번째 기계 작동 / 정지
	◉	2번째와 4번째 기계 작동 / 정지

※ ● : 작동 ○ : 정지	※ 작동 중인 기계에 운전 조작 스위치를 한 번 더 누르면 해당 기계는 정지된다.

52 왼쪽과 같은 상태에서 다음과 같이 스위치를 누르면, 어떤 상태로 변하겠는가?

1) ▲ 2) ☆ 3) ▣ ?

①

②

③

④

53 시작 상태(○○○○)에서 1번 기계와 2번 기계는 원래 방향을 가리키고, 3번 기계와 4번 기계의 방향만 바꾸려고 한다. 그리고 그 상태에서 1번 기계와 4번 기계만 작동시키려고 할 때, 다음 중 누르지 않아도 되는 스위치는?

① ☆

② ▲

③ △

④ ▣

┃54~55┃ 다음은 그래프 구성 명령어 실행의 두 가지 예시이다. 이를 참고하여 이어지는 물음에 답하시오.

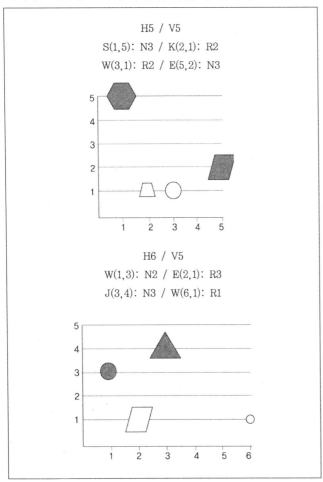

H5 / V5
S(1,5): N3 / K(2,1): R2
W(3,1): R2 / E(5,2): N3

H6 / V5
W(1,3): N2 / E(2,1): R3
J(3,4): N3 / W(6,1): R1

54 위의 그래프 구성 명령어 실행 예시를 통하여 알 수 있는 사항으로 올바르지 않은 것은 어느 것인가?

① S는 육각형을 의미하며, 항상 가장 큰 크기로 표시된다.
② 가로축과 세로축이 네 칸씩 있는 그래프는 H4 / V4로 표시된다.
③ N과 R은 도형의 내부 채색 여부를 의미한다.
④ 도형의 크기는 명령어의 가장 마지막에 표시된다.

55 다음과 같은 그래프에 해당하는 그래프 구성 명령어로 올바른 것은 어느 것인가?

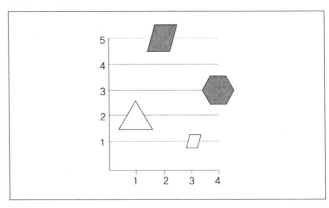

① H5 / V4   J(1,2): N3 / E(2,5): R3 / E(3,1): N2 / S(4,3): R3
② H4 / V5   J(1,2): R3 / E(2,5): W3 / E(3,1): R2 / S(4,3): W3
③ H5 / V4   J(1,2): W3 / E(2,5): N3 / E(3,1): W2 / S(4,3): N3
④ H4 / V5   J(1,2): R3 / E(2,5): N3 / E(3,1): R2 / S(4,3): N3

|56~60| 다음은 화장품 냉장고에 대한 사용설명서를 제시한 것이다. 이를 읽고 물음에 답하시오.

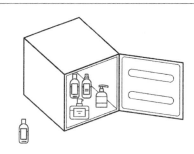

※ 경고
• 물을 적시거나 뿌리지 마십시오. 고장의 원인이 될 수 있습니다.
• 전원 플러그를 뽑으실 때에는 코드가 아닌 플러그 부분을 잡고 뽑아 주십시오.
• 전원 플러그를 동시에 꽂아 사용하지 마세요.
• 전원 플러그를 무리하게 구부리거나 무거운 물건에 눌리지 않도록 하십시오.
• 젖은 손으로 전원 플러그를 꽂거나 빼지 마십시오.
• 절대로 분해, 수리, 개조하지 마십시오. 이상 작동으로 인해 화재, 감전의 위험이 있습니다.
• 오랫동안 사용하지 않을 때는 전원 플러그를 뽑으십시오.
• 이상한 소리나 냄새가 날 때는 즉시 전원 플러그를 뽑고 서비스 센터에 연락하십시오.

※ 주의
• 가능하면 어린이의 손이 닿지 않는 곳에 설치하여 주십시오.
• 뜨거운 곳, 습기가 많은 장소에서의 사용은 삼가 주십시오.
• 얼음이나 차가운 물 등의 액체나 인화성 물질은 넣지 말아 주십시오. 고장의 원인이 됩니다.
• 뒷면과 옆면의 흡기구와 배기구를 막지 마십시오. 벽면에서 5cm 이상 떼어 주십시오.
• 수건이나 커버를 씌우지 마십시오.
• 직사광선을 피하여 설치하여 주십시오.
• 문의 개폐횟수가 많아지면 전력소모가 증가합니다.
• 냉장 보관 시 보관함의 벽에 약간의 습기가 생길 수 있습니다.
• 그럴 경우에는 마른 수건 또는 휴지로 닦아 주십시오. 고온 다습한 계절에는 특히 벽면에 습기가 많습니다.
• 외관청소 시 물이나 신나 및 기름류를 닦는 세제를 사용하지 마십시오.
• 이 제품은 220V 전용입니다. 110V 전원은 선택사항입니다.
• 제품에 먼지나 이물질이 끼지 않도록 하십시오. 감전이나 제품고장의 원인이 됩니다.
• 전원 콘센트의 구멍이 헐거울 때는 전원 플러그를 꽂지 마십시오.
• 제품 뒷면에 철사나 뾰족한 것을 넣지 마십시오. 감전이나 제품고장의 원인이 됩니다.

※ 알아두면 유용한 내용
• 뚜껑을 닫을 때 보냉 성능을 위해 꼭 닫아 주십시오.
• 19cm 이상 높이의 화장품은 넣지 마십시오.
• 보냉은 전원을 넣고 나서 약 1시간 후에 온도가 일정하게 유지 됩니다.
(동절기에는 냉장고 내부온도가 8~12도 기준에 설정되어 있으므로 가동 여부의 감지가 어려우나 설정온도에 의해 작동되고 있습니다.)

※ 버튼 조작 방법
① 전원을 OFF 하고자 할 때는 ON/OFF 스위치 버튼을 5초 이상 누르고 있으면 꺼집니다.
② 전원을 다시 ON하고자 할 때는 ON/OFF 스위치 버튼을 살짝 누르시면 ON이 됩니다.
③ 강/약 스위치 버튼은 온도가 설정입니다.
  • 강 : 8~12도(LED 램프가 전부 켜짐)
  • 약 : 10~12도(LED 램프가 반만 켜짐)

※ 본체 및 보관함 내부 청소
① 부드러운 헝겊에 물을 묻힌 후 중성세제로 깨끗하게 닦아 주십시오.
② 오물이나 얼룩을 제거하신 후 마른 헝겊으로 한 번 더 닦아 주십시오.
③ 내부에 화장품 등의 액이 흐른 경우 즉시 청소해 주십시오.
(주의) 신나, 벤젠 등으로 본체 및 내부를 닦지 마십시오. 본체 및 내부가 손상될 수 있습니다.

※ 다음과 같은 경우 보증기간 중에도 유료수리가 됩니다.
① 사용상의 실수 또는 부당한 개조나 수리에 의한 고장 및 손상
② 구입하신 후 낙하 등에 의한 고장 및 손상
③ 화재, 수해 등 외부 요인이나 천재지변에 의한 손상 및 이상전압의 외부요인에 의한 고장 및 손상
④ 본서에 구매자명의 기입이 없는 경우 또는 본 보증서를 고쳐 쓴 경우
⑤ 본서의 제시가 없는 경우

56 화장품 냉장고 사용설명서에 관한 설명으로 가장 옳지 않은 것은?

① 오랫동안 사용하지 않을 때는 전원 플러그를 뽑아야 한다.
② 해당 제품(화장품 냉장고)은 220V 전용이다.
③ 신나, 벤젠 등으로 본체 및 내부를 닦으면 안 된다.
④ 문의 개폐횟수가 많아지면 전력소모가 감소한다.

57 위의 내용을 토대로 했을 경우 보증기간 중 유료수리에 해당하지 않는 경우는?

① 부당한 개조나 수리에 의한 고장

② 본서에 구매자명의 기입이 있는 경우

③ 사용상의 실수

④ 구입 후 낙하에 의한 고장

58 화장품 냉장고 사용 시 가동 여부의 감지가 어려우나 설정온도에 의해 작동되는 데 동절기에 설정된 기준 온도는?

① 8~12도

② 9~13도

③ 10~14도

④ 11~15도

59 화장품 냉장고를 오랫동안 사용하지 않을 시의 행동요령은?

① 무거운 물건에 눌리지 않도록 해야 한다.

② 서비스 센터에 연락을 해야 한다.

③ 전원 플러그를 뽑아야 한다.

④ 흡기구와 배기구를 막아야 한다.

60 보냉의 경우 전원을 넣고 나서 얼마 후에 일정한 온도가 유지되는가?

① 약 10분 후

② 약 20분 후

③ 약 40분 후

④ 약 1시간 후

LX한국국토정보공사

직업기초능력 모의고사

정답 및 해설

SEOWONGAK
(주)서원각

제1회 정답 및 해설

1 ①

신용대출이므로 적용요율이 0.8% 적용된다.
500만 원×0.8%×(100/365)=10,958원
원단위 절사하면 10,950원이다.

2 ②

배의 속력을 x라 하고 강물의 속력을 y라 하면 거리는 36km로 일정하므로
$6(x-y)=36 \cdots \bigcirc$
$4(x+y)=36 \cdots \bigcirc$
ⓒ식을 변형하여 $x=9-y$를 ⓒ에 대입하면
$\therefore y=1.5\,\text{km/h}$

3 ②

ⓒ 2001년에 '갑'이 x 원어치의 주식을 매수한 뒤 같은 해에 동일한 가격으로 전량 매도했다고 하면, 주식을 매수할 때의 주식거래 비용은 $0.1949x$ 원이고 주식을 매도할 때의 주식거래 비용은 $0.1949x+0.3x=0.4949x$ 원으로 총 주식거래 비용의 합은 $0.6898x$ 원이다. 이 중 증권사 수수료는 $0.3680x$ 원으로 총 주식거래 비용의 50%를 넘는다.
ⓒ 금융투자협회의 2011년 수수료율은 0.0008%로 2008년과 동일하다.

4 ④

Y년의 총 에너지 사용량이 80,542천Toe이며, 화공산업 부문 전기다소비사업장의 전기 사용 비중은 27.4%이다. 따라서 화공산업 부문 전기다소비사업장의 전기 사용량은 $80,542 \times 0.274 = 22,068$천Toe가 된다. 또한, 이것은 전년 대비 4.5% 증가한 것이므로 Y-1년의 사용량을 x라 하면, 증가율의 공식에 의해 $(22,068-x) \div x = 0.045$가 된다. 이것은 다시 $22,068 = 1.045x$가 되므로 $x = 22,068 \div 1.045 = 21,117$천Toe가 됨을 알 수 있다.

5 ④

적어도 화살 하나는 6의 약수에 맞을 확률은 전체에서 화살 하나도 6의 약수에 맞지 않을 확률을 뺀 값이 된다.
한 번 쏘았을 때 6의 약수에 맞지 않을 확률은 $\frac{2}{6}=\frac{1}{3}$ 이므로 세 번 쏘았을 때 6의 약수에 맞지 않을 확률은 $\frac{1}{27}$ 이다.
따라서 화살을 세 번 쏘았을 때, 적어도 화살 하나는 6의 약수에 맞을 확률은 $1-\frac{1}{27}=\frac{26}{27}$ 이다.

6 ③

• 불량품 체크 전 생산일률
  $A = \frac{100}{4} = 25$개/시간, $B = \frac{100}{2} = 50$개/시간
• 불량률을 감안한 생산일률
  $A = 25 \times 0.8 = 20$개/시간, $B = 50 \times 0.9 = 45$개/시간
A, B를 동시에 가동하면 시간당 정상제품 생산량이 20% 상승한다고 하였으므로, 이때의 일률을 구하면 $(20+45) \times 1.2 = 78$개/시간이다.
A만 먼저 32시간 가동해서 얻은 정상제품의 생산량 $= 20 \times 32 = 640$개이고, 이후 A, B를 동시에 가동해서 $10,000 - 640 = 9,360$개의 정상제품을 얻으려면 $\frac{9,360}{78} = 120$시간이 필요하다.
따라서 처음 32시간과 120시간을 더하면 총 가동시간은 152시간이다.

7 ③

제품 케이스의 경우 2kg 이하이므로 서울은 4,000원, 지방은 5,000원이다.
총 택배비용이 46,000원 들었으므로 서울 9곳(36,000원), 지방 2곳(10,000원) 또는 서울 4곳(16,000원), 지방 6곳(30,000원)의 경우가 성립한다.

각 배송처로 전자 제품과 제품 케이스가 각각 하나씩 배송되었다고 하였으므로 전자 제품의 총 택배비용을 이용하여 위의 두 경우에 대입해 보면 아래와 같다.

전자 제품의 경우 4kg 이하이므로 서울은 5,000원, 지방은 6,000원이므로 서울 9곳(45,000원), 지방 2곳(12,000원)은 총 57,000원으로 성립하지 않고 서울 4곳(20,000원), 지방 6곳(36,000원)으로 총 56,000원이 성립한다.

따라서 이 제품이 배달된 배송처는 모두 10곳이 된다.

8 ①

ⓒ 기업의 매출액이 클수록 자기자본비율이 동일한 비율로 커지는 관계에 있다고 가정하면 순이익은 자기자본비율 × 순이익률에 비례한다. 따라서 2008년도 순이익이 가장 많은 기업은 B이다.

ⓓ 2008년도 순이익률이 가장 높은 기업은 B이다. 1997년도 영업이익률이 가장 높은 기업은 F이다.

9 ④

① $x + a = p + q$	8 5 12 4 10 5 11	$2^8 \times 3^5 \times 5^{12} \times 7^4 \times 11^{10} \times 13^5 \times 17$
② $\sim p \to q$	3 10 7 11	$2^3 \times 3^{10} \times 5^7 \times 7^{1?}$
③ $x \lor y$	8 2 9	$2^8 \times 3^2 \times 5^9$
④ $x = y \to a$	8 4 9 7 12	$2^8 \times 3^4 \times 5^9 \times 7^7 \times 11^{12}$

10 ④

④ 원자력 소비량은 2005년에 36.7백만TOE에서 2006년에 37.2백만TOE로 증가하였다가 2007년에는 다시 30.7백만TOE로 감소하였다. 이렇듯 2006년부터 2014년까지 전년 대비 원자력 소비량의 증감추이를 분석하면 증가, 감소, 증가, 감소, 증가, 증가, 감소, 감소, 증가로 증감을 거듭하고 있다.

① 2005년부터 2014년까지 1차 에너지 소비량은 연간 약 230~290백만TOE 사이이다. 석유 소비량은 연간 101.5~106.2백만TOE로 나머지 에너지 소비량의 합보다 적다.

② 석탄 소비량은 전체 기간으로 볼 때 완만한 상승세를 보이고 있다.

③ 기타 에너지 소비량은 지속적으로 증가하는 추세이다.

11 ④

최종 선발 인원이 500명인데 사회적 약자 집단이 3% 포함되어 있으므로 $500 \times 0.03 = 15$명이 별도로 뽑힌 사회적 약자 집단이 된다. 따라서 485명이 4차 최종 면접을 통과한 인원이 된다.

4차 면접 통과 인원이 485명이 되기 위해서는 3차 인적성 테스트에서 $485 \times 1.5 = 728$명이 뽑힌 것이 되며, 2차 필기시험에서는 $728 \times 3 = 2,184$명이, 1차 서류전형에서는 $2,184 \times 3 = 6,552$명이 선발되었음을 알 수 있다. 1차 서류전형 통과 인원인 6,552명은 총 응시자의 45%에 해당하는 수치이므로, 총 응시자 수는 $6,552 \div 0.45 = 14,560$명이 된다.

12 ①

거리 = 속력 × 시간이므로 출발 후 처음 12분($\frac{1}{5}$ 시간) 동안 달린 거리를 계산하면

$8 \times \frac{1}{5} = \frac{8}{5} = 1.6 \, \text{km}$이다.

12분간 1.6km를 달렸고, 48분($\frac{4}{5}$ 시간) 이내에 8.4km를 달려야 하므로

평균 속력을 a라 하면, $a \times \frac{4}{5} = \frac{84}{10}$이고

따라서 $a = \frac{21}{2} = 10.5 \, (\text{km/h})$이다.

13 ①

작년의 송전 설비 수리 건수를 x, 배전 설비 수리 건수를 y라고 할 때, $x + y = 238$이 성립한다. 또한 감소 비율이 각각 40%와 10%이므로 올해의 수리 건수는 $0.6x$와 $0.9y$가 되며, 이것의 비율이 5 : 3이므로 $0.6x : 0.9y = 5 : 3$이 되어 $1.8x = 4.5y(\to x = 2.5y)$가 된다.

따라서 두 연립방정식을 계산하면, $3.5y = 238$이 되어 $y = 68$, $x = 170$건임을 알 수 있다.

그러므로 올 해의 송전 설비 수리 건수는 $170 \times 0.6 = 102$건이 된다.

14 ④

㉮ 제시된 기업체 수 증가율을 통하여 연도별 기업체 수를 확인할 수 있으며, 2012년도에는 기업체 수가 약 65,183개로 65,000개 이상이 된다. (○)

㉯ 2016년은 $313.3 \div 356.6 \times 100 = $ 약 87.9%이며, 2017년은 $354.0 \div 392.0 \times 100 = $ 약 90.3%이다. (○)

㉰ 2016년은 356.6(조 원) $\div 69,508 = $ 약 51.3억 원이며, 2017년은 392.0(조 원) $\div 72,376 = $ 약 54.2억 원이다. (○)

㉱ 표를 통해 건 부가가치는 '건설공사 매출액 − 건설비용'의 산식이 적용됨을 알 수 있다. 건설공사 매출액은 국내와 해외 매출액의 합산이므로 해외 매출액의 증감은 건설 부가가치에 직접적인 영향을 미친다. (×)

15 ④

① 2017년의 남성 흡연율은 43.7이고 여성 흡연율은 7.9로 6배 이하이다.

② 2017년 소득수준이 최상인 남성 흡연율이 상인 남성 흡연율보다 높다.

③ 2014년의 금연계획률은 57.4, 2015년의 금연계획률은 53.5로 2014년은 전년대비 증가하였고, 2015년은 전년대비 감소하였다.

④ 2016년의 장기 금연계획률은 36.1로 2013년의 단기 금연계획률인 17.7의 두 배 이상이다.

16 ④

지원 제외대상에서 언급한 조건은 해당 시점의 근로소득 기준인 '210만 원 미만' 조건을 충족하는 근로자 중 제외되는 대상을 규정한 것이므로, 지원신청일이 속한 월의 과세 대상 근로소득이 210만 원을 초과한다면 지원 대상에서 당연 배제되는 것이다.

① 2018년 1월 1일부터 신규지원자 및 기지원자 지원을 합산하여 3년만 운영하는 제도이므로 2021년부터는 모두 중단된다.

② 비과세 근로소득을 제외한 부분이 210만 원을 넘는지 여부를 판단하게 되므로 과세 대상 근로소득을 기준으로 산정하는 것이다.

③ 기지원자의 경우 근무하는 사업장 근로자 수가 10명 미만인 경우 동일하게 40%가 지원된다.

17 ④

두 경우 모두 월평균보수가 210만 원 미만이므로 지원 대상이 되며, A의 경우는 5명 미만 사업장이므로 90%가, B의 경우는 5명 이상 10명 미만인 사업장이므로 80%가 지원된다.

제시된 고용보험료와 연금보험료는 근로자에게 부과된 총액이므로 이를 사업주와 근로자가 절반씩 부담하게 되므로 절반 부담액에 대하여 지원 비율이 적용되어 다음과 같이 지원된다.

A : 근로자 부담금 $17,100 + 85,500 = 102,600$ 원
지원금 $102,600 \times 0.9 = 92,340$ 원

B : 근로자 부담금 $12,350 + 81,500 = 93,850$ 원
지원금 $93,850 \times 0.8 = 75,080$ 원

18 ④

평가 점수를 계산하기 전에, 제안가격과 업계평판에서 90점 미만으로 최하위를 기록한 B업체와 위생도에서 최하위를 기록한 D업체는 선정될 수 없다. 따라서 나머지 A, C, E업체의 가중치를 적용한 점수를 계산해 보면 다음과 같다.

• A업체 : $84 \times 0.4 + 92 \times 0.3 + 92 \times 0.15 + 90 \times 0.15 = 88.5$점

• C업체 : $93 \times 0.4 + 91 \times 0.3 + 91 \times 0.15 + 94 \times 0.15 = 92.25$점

• E업체 : $93 \times 0.4 + 92 \times 0.3 + 90 \times 0.15 + 93 \times 0.15 = 92.25$점

C와 E업체가 동점인 상황에서 가중치가 가장 높은 제안가격의 점수가 같으므로, 다음 항목인 위생도 점수에서 더 높은 점수를 얻은 E업체가 최종 선정될 업체는 E업체가 된다.

19 ④

객실의 층과 라인의 배열을 그림으로 표현하면 다음과 같다.

301호	302호	303호	304호
201호	202호	203호	204호
101호	102호	103호	104호

두 번째 조건에서 4호 라인에는 3개의 객실에 투숙하였다고 했으므로 104호, 204호, 304호에는 출장자가 있게 된다. 또한 3호 라인에는 1개의 객실에만 출장자가 투숙하였다고 했는데, 만일 203호나 303호에 투숙하였을 경우, 2층과 3층의 나머지 객실이 정해질 수 없다. 그러나 103호에 투숙하였을 경우, 1층의 2개 객실이 정해지게 되며 2층과 3층은 3호 라인을 제외한 1호와 2호 라인 모두에 출장자가 투숙하여야 한다. 따라서 보기 ④의 사실이 확인된다면 8명의 출장자가 투숙한 8개의 객실과 투숙하지 않는 4개의 객실 모두를 다음과 같이 알아낼 수 있다.

301호	302호	303호	304호
201호	202호	203호	204호
101호	102호	103호	104호

20 ②

남자사원의 경우 ⓒ, ⓗ, ⓞ에 의해 다음과 같은 두 가지 경우가 가능하다.

	월요일	화요일	수요일	목요일
경우 1	치호	영호	철호	길호
경우 2	치호	철호	길호	영호

[경우 1]

옥숙은 수요일에 보낼 수 없고, 철호와 영숙은 같이 보낼 수 없으므로 옥숙과 영숙은 수요일에 보낼 수 없다. 또한 영숙은 지숙과 미숙 이후에 보내야 하고, 옥숙은 지숙 이후에 보내야 하므로 조건에 따르면 다음과 같다.

	월요일	화요일	수요일	목요일
남	치호	영호	철호	길호
여	지숙	옥숙	미숙	영숙

[경우 2]

		월요일	화요일	수요일	목요일
	남	치호	철호	길호	영호
경우 2-1	여	미숙	지숙	영숙	옥숙
경우 2-2	여	지숙	미숙	영숙	옥숙
경우 2-3	여	지숙	옥숙	미숙	영숙

문제에서 영호와 옥숙을 같이 보낼 수 없다고 했으므로, [경우 1], [경우 2-1], [경우 2-2]는 해당하지 않는다. 따라서 [경우 2-3]에 의해 목요일에 보내야 하는 남녀사원은 영호와 영숙이다.

21 ①

각 조건에서 알 수 있는 내용을 정리하면 다음과 같다.

ㄱ 사고 C는 네 번째로 발생하였다.

첫 번째	두 번째	세 번째	C	다섯번째	여섯번째

ㄴ 사고 A는 사고 E보다 먼저 발생하였다. → A > E

ㄷ 사고 B는 사고 A보다 먼저 발생하였다. → B > A

ㄹ 사고 E는 가장 나중에 발생하지 않았다. → 사고 E는 2~3번째(∵ ㄴ에 의해 A > E이므로) 또는 5번째로 발생하였다.

ㅁ 사고 F는 사고 B보다 나중에 발생하지 않았다. → F > B

ㅂ 사고 C는 사고 E보다 나중에 발생하지 않았다. → C > E

ㅅ 사고 C는 사고 D보다 먼저 발생하였으나, 사고 B보다는 나중에 발생하였다. → B > C > D

따라서 모든 조건을 조합해 보면, 사고가 일어난 순서는 다음과 같으며 세 번째로 발생한 사고는 A이다.

F	B	A	C	E	D

22 ①

문제해결의 장애요소

ㄱ 너무 일반적이거나 너무 크거나 또는 잘 정의되지 않은 문제를 다루는 경우

ㄴ 문제를 정확히 분석하지 않고 곧바로 해결책을 찾는 경우

ㄷ 잠재적 해결책을 파악할 때 중요한 의사결정 인물이나 문제에 영향을 받게되는 구성원을 참여시키지 않는 경우

ㄹ 개인이나 팀이 통제할 수 있거나 영향력을 행사할 수 있는 범위를 넘어서는 문제를 다루는 경우

ㅁ 창의적 해결책보다는 '즐겨 사용하는' 해결책을 적용하는 경우

ㅂ 해결책을 선택하는 타당한 이유를 마련하지 못하는 경우

ㅅ 선택한 해결책을 실행하고 평가하는 방식에 관해 적절하게 계획을 수립하지 못하는 경우

23 ③

시장의 위협을 회피하기 위해 강점을 사용하는 전략은 ST전략에 해당한다.

③ 부품의 10년 보증 정책은 강점, 통해 대기업의 시장 독점은 위협에 해당한다.(ST전략)

① 세계적인 유통라인은 강점, 개발도상국은 기회에 해당한다.(SO전략)

② 마진이 적은 것은 약점, 인구 밀도에 비해 대형마트가 부족한 도시는 기회에 해당한다.(WO전략)

④ 고가의 연구비는 약점, 부족한 정부 지원은 위협에 해당한다.(WT전략)

24 ④

참인 명제의 대우 명제는 항상 참이므로 주어진 명제들의 대우 명제를 이용하여 삼단논법에 의한 새로운 참인 명제를 다음과 같이 도출할 수 있다.

• 두 번째 명제의 대우 명제 : 홍차를 좋아하는 사람은 배가 아프다. → 명제 A

• 세 번째 명제의 대우 명제 : 식욕이 좋지 않은 사람은 웃음이 많지 않다. → 명제 B

명제 A + 첫 번째 명제 + 명제 B를 통해 ④ '홍차를 좋아하는 사람은 웃음이 많지 않다.'가 반드시 참임을 알 수 있다.

① 첫 번째 명제의 역 명제이므로 반드시 참이라고 할 수 없다.

② '세 번째 명제 + 첫 번째 명제의 대우 명제'의 역 명제이므로 반드시 참이라고 할 수 없다.

③ 두 번째 명제의 이 명제이므로 반드시 참이라고 할 수 없다.

25 ③

연가는 재직기간에 따라 3~21일로 휴가 일수가 달라지며, 수업휴가 역시 연가일수를 초과하는 출석수업 일수가 되므로 재직기간에 따라 휴가 일수가 달라진다. 장기재직 특별휴가 역시 재직기간에 따라 달리 적용된다.

① 언급된 2가지 휴가는 출산한 여성이 사용하는 휴가이다.

② 자녀 돌봄 휴가는 자녀가 고등학생인 경우까지 해당되므로 15세 이상 자녀가 있는 경우에도 자녀 돌봄 휴가를 사용할 수 있게 된다.

④ '직접 필요한 시간'이라고 규정되어 있으므로 고정된 시간이 없는 것이 된다.

26 ③

T대리가 사용한 근무 외 시간의 기록은 16시간 + 9시간 + 5시간 = 30시간이 된다. 따라서 8시간이 연가 하루에 해당하므로 이를 8시간으로 나누면 '3일과 6시간'이 된다. 8시간 미만은 산입하지 않는다고 하였으므로 T대리는 연가를 3일 사용한 것이 된다.

④ 외출이 2시간 추가되면 총 32시간이 되어 4일의 연가를 사용한 것이 된다.

27 ③

임대차계약서는 임대소득을 확인하기 위한 목적뿐 아니라 임차보증금 등의 재산상태를 확인하기 위한 제출서류이기도 하다.

① 보장가구 제외대상인 행방불명자 등으로 보지 않는 예외 경우에 해당된다.

② 건강보험자격득실확인서 또한 취업이나 퇴직의 증빙 서류가 된다.

④ 일용근로소득 지급명세서는 분기별 신고 자료라고 언급되어 있으므로 한두 달 소득확인의 지연이 발생할 수 있다.

28 ③

세 번째 명제와 두 번째 명제의 대우로부터 '어떤 야구선수는 안경을 끼지 않았다.'는 명제를 도출할 수 있다. 따라서 야구선수 중 일부는 안경을 끼고 있으며, 그들은 모두 여행을 좋아하므로 '안경을 낀 야구선수는 모두 여행을 좋아한다.'는 참인 명제가 된다.

① 안경을 끼지 않은 야구선수는 여행을 좋아할 수도, 좋아하지 않을 수도 있다.

② 안경을 낀 사람은 모두 여행을 좋아하므로 여행을 좋아하지 않는 안경 낀 사람은 있을 수 없다.

④ 여행을 좋아하는 사람은 야구선수일 수도, 아닐 수도 있다.

29 ③

'갑'국의 2012년 이자율은 6%였고, 물가상승률은 3%였다. 2013년에는 이자율은 7%로, 물가상승률은 3.5%로 상승하였다. 이 경우 물가상승을 감안한 실질이자율은 2012년 3%에서 2013년 3.5%로 상승하였고, 투자의 기회비용이 높아졌으므로 기업들의 투자는 감소하였을 것으로 판단할 수 있다. 따라서 ㈏와 ㈐의 설명만이 올바르게 비교한 것이 된다.

30 ③

Index 뒤에 나타나는 문자가 오류 문자이므로 이 상황에서 오류 문자는 'GHWDYC'이다. 오류 문자 중 오류 발생 위치의 문자와 일치하지 않는 알파벳은 G, H, W, D, Y 5개이므로 처리코드는 'Atnih'이다.

31 ②

첫 번째 명제의 대우 명제는 '후원금을 내지 않은 사람은 후원 행사에 참석하지 않은 어떤 사람이다.'이며, 이것을 두 번째 명제와 삼단논법으로 연결하면 ② '부유한 어떤 사람은 후원 행사에 참석하지 않았다.'는 결론을 얻을 수 있다.

32 ①

사용자가 컴퓨터를 좀 더 쉽게 사용할 수 있도록 도와주는 소프트웨어(프로그램)를 '유틸리티 프로그램'이라고 하고 통상 줄여서 '유틸리티'라고 한다. 유틸리티 프로그램은 본격적인 응용 소프트웨어라고 하기에는 크기가 작고 기능이 단순하다는 특징을 가지고 있으며, 사용자가 컴퓨터를 사용하면서 처리하게 되는 여러 가지 작업을 의미한다.
① 고객 관리 프로그램, 자원관리 프로그램 등은 대표적인 응용 소프트웨어에 속한다.

33 ④

㈏ '인쇄 미리 보기' 창에서 열 너비를 조정한 경우 미리 보기를 해제하면 워크시트에 조정된 너비가 적용되어 나타난다. (X)
㈐ 워크시트에서 그림을 인쇄 배경으로 사용하려면 '삽입' – '머리글/바닥글' – 디자인 탭이 생성되면 '머리글/바닥글 요소' 그룹의 '그림' 아이콘 – 시트배경 대화 상자에서 그림을 선택하고 '삽입'의 과정을 거쳐야 한다. (X)

34 ③

제시된 내용은 윈도우(Windows)에 대한 설명이다.
③은 리눅스(Linux)에 대한 설명이다.

35 ③

㈎ 파일은 쉼표(,)가 아닌 마침표(.)를 이용하여 파일명과 확장자를 구분한다.
㈒ 파일/폴더의 이름에는 \, /, :, *, ?, ", 〈, 〉 등의 문자는 사용할 수 없으며, 255자 이내로 공백을 포함하여 작성할 수 있다.

36 ③

$n=0, S=1$
$n=1, S=1+1^2$
$n=2, S=1+1^2+2^2$
...
$n=7, S=1+1^2+2^2+\cdots+7^2$
∴ 출력되는 S의 값은 141이다.

37 ②

터미널노드(Terminal Node)는 자식이 없는 노드로서 이 트리에서는 D, I, J, F, G, H 6개이다.

38 ④

수식에서 직접 또는 간접적으로 자체 셀을 참조하는 경우를 순환 참조라고 한다. 열려있는 통합 문서 중 하나에 순환 참조가 있으면 모든 통합 문서가 자동으로 계산되지 않는다. 이 경우 순환 참조를 제거하거나 이전의 반복 계산(반복 계산 : 특정 수치 조건에 맞을 때까지 워크시트에서 반복되는 계산) 결과를 사용하여 순환 참조와 관련된 각 셀이 계산되도록 할 수 있다.

39 ③

정품이 아닌 윈도우 소프트웨어는 정기적인 업데이트 서비스가 제한되어 있는 것이 일반적인 특징이다. 따라서 불법 소프트웨어는 사용을 금하는 것이 가장 현명한 PC 보안 방법이 된다. 정품이 아닌 소프트웨어의 그 밖의 특징으로는 설치 프로그램에 악성 코드 포함 가능성, 주요 기능 배제 또는 변형 우려, 컴퓨터의 성능 약화, 보안 기능 사용 불가 등이 있다.

40 ③

인터넷 송금에 필요한 보안 장치인 OTP 발생기는 보안을 강화시키기 위한 도구이며, 이를 지참하지 않은 것은 개인적 부주의의 차원이며, 인터넷의 역기능으로 볼 수는 없다.

41 ②

입고연월 2010○○ + 충청남도 쫓출판사 3J + 「뇌과학 첫걸음」 07773 + 입고순서 8491

따라서 코드는 '2010○○3J077738491'이 된다.

42 ②

발행 출판사와 입고순서가 동일하려면 (지역코드 + 고유번호) 두 자리와 (입고순서) 네 자리가 동일해야 한다. 이규리와 강희철은 각각 2011054L066610351, 2012064L107790351로 발행 출판사와 입고순서가 동일한 도서를 담당하는 책임자이다.

43 ④

예술 분야 음악 도서의 (분류코드 + 고유번호)는 08882이다. 따라서 담당자는 송지혜이다.

44 ③

(분류코드 + 고유번호)가 03332이므로 경제·경영 분야 재테크에 관련된 도서이다.

45 ④

강희철은 2012년도에 입고된 도서를 담당하므로 총 책임자의 지시를 받은 사람이 아니다.

46 ③

- ⊙ 수요일은 정기검침 일이므로 PSD CODE는 $\frac{8}{2} = 4$이다.
- ⓒ Parallel Mode이므로, 2개 또는 3개의 평균값을 구한다.
- ⓒ 계기판 눈금이 (−)이므로, 3개의 평균값은 $\frac{3+10+2}{3} = 5$이다.

따라서 $4 < 5 \leq 4+2$가 되어, 경계 상태이므로 파란 버튼을 누른다.

47 ①

- ⊙ 목요일은 정기검침 일이 아니므로 PSD CODE는 16이다.
- ⓒ Serial Mode이므로, 2개 또는 3개의 총합을 구한다.
- ⓒ 계기판 눈금이 (+)이므로, 가장 오른쪽 숫자를 제외한 2개의 총합은 5 + 8 = 13이다.

따라서 $13 \leq 16$이 되어, 안전 상태이므로 그대로 둔다.

48 ①

처음 상태와 나중 상태를 비교해보았을 때, 모든 기계의 작동상태가 변화했고, 1번, 3번 기계가 회전되어 있는 상태이다. 위와 같이 변화하기 위해서는 다음과 같은 두 가지 방법이 있다.

- ⊙ 1번, 3번 기계를 회전(★)시킨 후 ◑와 ◓으로 1~4번 기계의 작동 상태를 바꾸는 방법
- ⓒ 1번, 2번 기계를 회전(☆)시키고 2번, 3번 기계를 회전(◇)시킨 후 ○로 모든 기계의 작동 상태를 바꾸는 방법

49 ③

처음 상태와 나중 상태를 비교해보았을 때, 2번, 4번 기계의 작동상태가 변화했고, 3번, 4번 기계가 회전되어 있는 상태이다. ◇와 ◆ 스위치로 3번, 4번 기계를 회전시킨 후 ◑로 2번, 4번 기계의 작동 상태를 변화시키면 된다.

50 ④

처음 상태와 나중 상태를 비교해보았을 때, 모든 기계의 작동상태가 변화했고, 1번, 4번 기계가 회전되어 있는 상태이다. ☆와 ◆ 스위치로 1번, 4번 기계를 회전시킨 후 ○로 모든 기계의 작동 상태를 변화시키면 된다.

51 ④

〈보기〉에 주어진 그래프와 명령어를 분석하면 다음과 같다.

- C숫자 / H숫자 → X축 최곳값 / Y축 최곳값
- 알파벳(숫자,숫자) → 도형의 모양(X축값,Y축값)

| W 원 | S 삼각형 | N 사각형 | D 다이아몬드 |

- : 알파벳숫자 → A 작은 도형, B 큰 도형, 1 채우기 有, 2 채우기無

따라서 제시된 그래프에 대한 명령어는
C5 / H5   N(1,3) : A2 / W(2,1) : A1 / S(4,4) : A2 / D(5,2) : B2이다.

52 ②

제시된 그래프에 대한 명령어는 C4 / H5   N(1,1) : B2 / S(1,4) : A2 / S(3,1) : A1 / W(3,4) : B2이다.

53 ③

- C6 / H5 → X축 최곳값 6 / Y축 최곳값 5
- D(1,5) : B1 → 다이아몬드(1,5) : 큰 도형, 채우기有
- S(2,4) : A2 → 삼각형(2,4) : 작은 도형, 채우기無
- N(3,1) : A1 → 사각형(3,1) : 작은 도형, 채우기有

따라서 제시된 명령어를 실행할 경우 ③과 같은 그래프가 구현된다.

54 ①

- C4 / H3 → X축 최곳값 4 / Y축 최곳값 3
- N(2,1) : A2 → 사각형(2,1) : 작은 도형, 채우기無
- W(2,3) : A1 → 원(2,3) : 작은 도형, 채우기有
- N(3,1) : A1 → 사각형(3,1) : 작은 도형, 채우기有
- D(4,3) : B1 → 다이아몬드(4,3) : 큰 도형, 채우기有

따라서 제시된 명령어를 실행할 경우 ①과 같은 그래프가 구현된다.

55 ③

- C5 / H5 → X축 최곳값 5 / Y축 최곳값 5
- W(1,2) : A2 → 원(1,2) : 작은 도형, 채우기無
- S(3,3) : A1 → 삼각형(3,3) : 작은 도형, 채우기有
- N(5,1) : B2 → 사각형(5,1) : 큰 도형, 채우기無(채우기 오류)
- D(5,3) : A2 → 다이아몬드(5,3) : 작은 도형, 채우기無

56 ①

건조기는 주변의 온도가 10℃ 이상 35℃ 이하인 곳에 설치한다. (2-(1)-①-ⓒ 참고)

57 ①

제품 전면, 좌우 모서리 부분을 누르거나 제품에 흔들림이 있으면 제품의 다리 높이를 조절한다. (2-(1)-②-㉠ 참고)

58 ③

건조기의 소비전력은 1700W이다. (1. 제품규격 참고)

59 ①

콘센트에 접지단자가 없는 경우 접지선과 스크류를 삼성전자 서비스센터에서 구입하여 제품 뒷면의 접지단자에 연결한 후 벽의 접지단자에 연결하거나 땅 속(깊이 75cm 이상)에 구리판을 묻은 후 제품과 연결하여 접지해야 한다. (2-(3)-③ 참고)

60 ④

증상	확인/조치
전원이 들어오지 않아요.	• 제품의 전원 버튼을 눌렀나요? - 전원 버튼을 눌러주세요. • 전원 플러그가 빠지지 않았나요? - 전원플러그를 끼워주세요. • 누전차단기가 OFF로 되어 있지 않나요? - 누전차단기를 ON으로 하세요. • 110V 전원에 연결하지 않았나요? - 본 제품은 220V 전용입니다.

제2회 정답 및 해설

1 ④

정빈이가 하루 일하는 양 $\dfrac{1}{18}$

수인이가 하루 일하는 양 $\dfrac{1}{14}$

전체 일의 양을 1로 놓고 같이 일을 한 일을 x라 하면

$\dfrac{3}{18} + \left(\dfrac{1}{18} + \dfrac{1}{14}\right)x + \dfrac{1}{14} = 1$

$\dfrac{16x + 30}{126} = 1$

$\therefore x = 6$일

2 ②

A국 : $(60 \times 15) + (48 \times 37) = 900 + 1,776$
$= 2,676$만 원

B국 : $(36 \times 15) + (30 \times 35) + (60 \times 2)$
$= 540 + 1,050 + 120 = 1,710$만 원

따라서 $2,676 - 1,710 = 966$만 원

900만 원 초과 1,000만 원 이하가 정답이 된다.

3 ③

③ 봉급이 193만 원 이라면 보수총액은 공제총액의 약 5.6배이다.

① 소득세는 지방소득세의 10배이다.

② 소득세가 공제총액에서 차지하는 비율은 약 31%이다.

④ 시간외수당은 정액급식비와 20만 원 차이난다.

4 ③

$\dfrac{x}{1,721} \times 100 = 62.4$

$x = \dfrac{62.4 \times 1,721}{100} ≒ 1,074$

5 ④

④ 집행비율이 가장 낮은 나라는 41.3%인 스페인이다.

6 ①

㉠ '거리 = 속도 × 시간'이므로,
- 정문에서 후문까지 가는 속도 : 20m/초 = 1,200m/분
- 정문에서 후문까지 가는데 걸리는 시간 : 5분
- 정문에서 후문까지의 거리 : $1200 \times 5 = 6,000$m

㉡ 5회 왕복 시간이 70분이므로,
- 정문에서 후문으로 가는데 소요한 시간 : 5회 × 5분 = 25분
- 후문에서 정문으로 가는데 소요한 시간 : 5회 × x분
- 쉬는 시간 : 10분
- 5회 왕복 시간 : $25 + 5x + 10$분 = 70분

$\therefore$ 후문에서 정문으로 가는데 걸린 시간 $x = 7$분

7 ④

㉠ 2006년 대비 2010년의 청소기 매출액 증가율이 62.5%이므로,
2010년의 매출액을 x라 하면,

$\dfrac{x - 320}{320} \times 100 = 62.5$, $\quad \therefore x = 520$(억 원)

㉡ 2002년 대비 2004년의 청소기 매출액 감소율이 10%이므로,
2002년의 매출액을 y라 하면,

$\dfrac{270 - y}{y} \times 100 = -10$, $\quad \therefore y = 300$(억 원)

$\therefore$ 2002년과 2010년의 청소기 매출액의 차이
: $520 - 300 = 220$(억 원)

8 ③

㉠ 융합서비스의 생산규모 2006년에 전년대비 1.2배가 증가하였으므로,
- ㈎는 $3.5 \times 1.2 = 4.2$가 되고
- ㈏는 $38.7 + 9.0 + 4.2 = 51.9$가 된다.

㉡ 2007년 정보기기의 생산규모는 전년대비 3천억 원이 감소하였으므로,
- ㈐는 $71.1 - (47.4 + 13.6) = 10.1$이고
- ㈑는 $10.1 + 3 = 13.1$이고,
- ㈒는 $43.3 + 13.1 + 15.3 = 71.7$이다.

따라서 ㈓는 ㈏ + ㈒ = $51.9 + 71.7 = 123.6$이다.

9 ①

㉠ B사 주가의 최댓값은 57(백 원)

㉡ 월별 주가지수는

- 1월 주가지수 $= \dfrac{5000 + 6000}{5000 + 6000} \times 100 = 100.0$

- 2월 주가지수 $= \dfrac{4000 + 6000}{5000 + 6000} \times 100 ≒ 90.9$

- 3월 주가지수 $= \dfrac{5700 + 6300}{5000 + 6000} \times 100 ≒ 109.1$

- 4월 주가지수 $= \dfrac{4500 + 5900}{5000 + 6000} \times 100 ≒ 94.5$

- 5월 주가지수 $= \dfrac{3900 + 6200}{5000 + 6000} \times 100 ≒ 91.8$

- 6월 주가지수 $= \dfrac{5600 + 5400}{5000 + 6000} \times 100 = 100.0$

∴ 주가지수의 최솟값은 90.9(2월)이다.

10 ④

응답자의 종교 후보	불교	개신교	가톨릭	기타	합계
A	130	(가)	60	300	620
B	260	100	30	350	740
C	195	(나)	45	300	670
D	65	40	15	50	170
계	650	400	150	1,000	2,200

(가) $620 - 130 - 60 - 300 = 130$

(나) $670 - 195 - 45 - 300 = 130$

11 ②

① C후보 지지율이 A후보 지지율보다 높다.

③ A후보 지지자 중에는 불교 신자와 개신교 신자의 수는 동일하다.

④ 개신교 신자의 A후보 지지율은 가톨릭 신자의 C후보 지지율보다 높다.

12 ③

㉠ 1804년 가구당 인구수는 $\dfrac{68,930}{8,670} = 약 \ 7.95$ 이고,

1867년 가구당 인구수는 $\dfrac{144,140}{27,360} = 약 \ 5.26$ 이므로

1804년 대비 1867년의 가구당 인구수는 감소하였다.

㉡ 1765년 상민가구 수는 $7,210 \times 0.57 = 4109.7$이고, 1804년 양반가구 수는 $8,670 \times 0.53 = 4595.1$로, 1765년 상민가구 수는 1804년 양반가구 수보다 적다.

㉢ 1804년의 노비가구 수는 $8,670 \times 0.01 = 86.7$로 1765년의 노비가구 수인 $7,210 \times 0.02 = 144.2$보다 적고, 1867년의 노비가구 수인 $27,360 \times 0.005 = 136.8$보다도 적다.

㉣ 1729년 대비 1765년에 상민가구 구성비는 59.0%에서 57.0%로 감소하였고, 상민가구 수는 $1,480 \times 0.59 = 873.2$에서 $7,210 \times 0.57 = 4109.7$로 증가하였다.

13 ④

㉠ 해남군의 논 면적은 23,042ha로, 해남군 밭 면적인 12,327ha의 2배 이하이다.

㉡ 서귀포시의 논 면적은 $31,271 - 31,246 = 25$ha로, 제주시 논 면적인 $31,585 - 31,577 = 8$ha보다 크다.

㉢ 서산시의 밭 면적은 $27,285 - 21,730 = 5,555$ha로 김제시 밭 면적인 $28,501 - 23,415 = 5,086$ha보다 크다.

㉣ 상주시의 밭 면적은 11,047ha로 익산시 논 면적의 90%($=17,160.3$ha) 이하이다.

14 ①

빈칸 중 추론이 가능한 부분을 채우면 다음과 같다.

과목 사원	A	B	C	D	E	평균
김영희	(16)	14	13	15	( )	( )
이민수	12	14	(15)	10	14	13.0
박수민	10	12	9	(10)	18	11.8
최은경	14	14	(15)	17	( )	( )
정철민	(18)	20	19	17	19	18.6
신상욱	10	(13)	16	(15)	16	(14)
계	80	(87)	(87)	84	( )	( )
평균	($\frac{80}{6}$)	14.5	14.5	(14)	( )	( )

① 김영희 사원의 성취수준은 E항목 평가 점수가 17점 이상이면 평균이 15점 이상으로 '우수수준'이 될 수 있다.

② 최은경 사원의 성취수준은 E항목 시험 점수가 0점이라고 해도 평균 12점으로 '보통수준'이다. 따라서 '기초수준'이 될 수 없다.

③ 신상욱 사원의 평가 점수는 B항목은 13점, D항목은 15점, 평균 14점으로 성취수준은 '보통수준'이다.

④ 이민수 사원의 C항목 평가 점수는 15점으로, 정철민 사원의 A항목 평가 점수는 18점보다 낮다.

15 ④

ⓒ 2014년은 전체 임직원 중 20대 이하 임직원이 차지하는 비중이 50% 이하이다.

16 ②

기준 점수에 따라 통과 및 미통과, 2018년도 예산편성을 정리하면 다음과 같다.

정책	계획의 충실성 (기준 점수 90점)	계획 대비 실적 (기준 점수 85점)	성과지표 달성도 (기준 점수 80점)	예산편성
A	통과	통과	미통과	10% 감액
B	통과	미통과	통과	15% 감액
C	통과	통과	통과	동일
D	통과	미통과	미통과	15% 감액
E	통과	통과	미통과	10% 감액
F	통과	통과	통과	동일

② 각 정책별 2018년도 예산은 A 18억, B 17억, C 20억, D 17억, E 18억, F 20억으로 총 110억 원이다. 따라서 재무부의 2018년도 A~F 정책 예산은 전년 대비 10억 원이 줄어든다.

① 전년과 동일한 금액의 예산을 편성해야 하는 정책은 C, F 총 2개이다.

③ 정책 B는 '성과지표 달성도' 영역에서 '통과'로 판단되었지만, '계획 대비 실적'에서 미통과로 판단되어 예산을 감액해야 한다.

④ 예산을 전년 대비 15% 감액하여 편성하는 정책들은 B와 D로 모두 '계획 대비 실적' 영역이 '미통과'로 판단되었다.

17 ③

우선 A와 B를 다른 팀에 배치하고 C, D, E, F를 두 명씩 각 팀에 배치하되 C, E, F는 한 팀이 될 수 없고 C와 E 또는 E와 F가 한 팀이 되어야 하므로 (A, C, E/B, D, F), (B, C, E/A, D, F), (A, E, F/B, C, D), (B, E, F/A, C, D)의 네 가지 경우로 나눌 수 있다.

18 ②

㉠과 ㉢, ㉣에 의해 E > B > A > C이다.
㉡에서 D는 C보다 나이가 적으므로 E > B > A > C > D이다.

19 ③

① 오렌지, 귤 : 네 번째 조건에 따라 귤을 사려면 사과와 오렌지도 반드시 사야 한다.

② 배, 딸기 : 두 번째 조건에 따라 배와 딸기 중에서는 한 가지밖에 살 수 없으며, 세 번째 조건에 따라 딸기와 오렌지를 사려면 둘 다 사야 한다.

④ 사과, 딸기, 귤 : 세 번째 조건에 따라 딸기와 오렌지를 사려면 둘 다 사야하며, 네 번째 조건에 따라 귤을 사려면 사과와 오렌지도 반드시 사야 한다.

⑤ 사과, 배, 귤 : 네 번째 조건에 따라 귤을 사려면 사과와 오렌지도 반드시 사야 한다.

20 ③

대회 종류 후 나눈 대화가 성립하려면 다음의 두 가지 조건이 만족되어야 한다.

• B와 E를 제외한 A, C, D는 적어도 한 게임은 이기고, 한 게임은 져야 한다.

• B는 한 게임 이상 이겨야 하고, E는 한 게임 이상 져야 한다.

각 선수가 얻은 점수의 총합이 큰 순으로 매긴 순위가 A > B이므로 A는 6점(3승 1패), B는 5점(1승 3무)를 받는다. B가 C, D, E와 모두 비긴 조건에서 D가 적어도 한 게임은 이겨야 하므로 D는 최소 3점 이상을 획득하는데 점수의 총합이 C > D이므로 C는 4점(1승 2무 1패), D는 3점(1승 1무 2패)을 받는다. 이를 정리하면 다음과 같다.

21 ④

SWOT분석은 기업의 내부환경과 외부환경을 분석하여 강점(strength), 약점(weakness), 기회(opportunity), 위협(threat) 요인을 규정하고 이를 토대로 경영전략을 수립하는 기법이다. 기회 요인은 경쟁, 고객, 거시적 환경 등과 같은 외부환경으로 인해 비롯된 기회를 말한다.

④ 난공불락의 甲자동차회사는 위협 요인에 들어가야 한다.

22 ③

- ㈜를 통해 일본은 ㉠~㉦의 일곱 국가 중 4번째인 ㉣에 위치한다는 것을 알 수 있다.
- ㈎와 ㈏를 근거로 ㉠~㉢은 스웨덴, 미국, 한국이, ㉤~㉦은 칠레, 멕시코, 독일이 해당된다는 것을 알 수 있다.
- ㈐에서 20%p의 차이가 날 수 있으려면, 한국은 ㉠이 되어야 한다. ㉠이 한국이라고 할 때, 일본을 제외한 ㉡, ㉢, ㉤, ㉥, ㉦ 국가의 조합으로 20%p의 차이가 나는 조합을 찾으면, (68 + 25)와 (46 + 27) 뿐이다. 따라서 ㉢은 스웨덴, ㉥은 칠레, ㉦은 멕시코임을 알 수 있다.
- ㈎와 ㈏에 의하여 남은 ㉡은 미국, ㉤은 독일이 된다.

23 ④

	한국어	영어	프랑스어	독일어	중국어	태국어
갑	○	○	×	×	×	×
을	○	×	○	×	×	×
병	×	○	×	○	×	×
정	×	×	○	×	○	×
무	○	×	×	×	×	○

24 ①

㉠ 제인의 기준 : 가격 + 원료

제품명 평가기준	B	D	K	M
원료	10	8	5	8
가격	4	9	10	7
총점	14	17	15	15

㉡ 데이먼의 기준 : 소비자 평가 총점

제품명 평가기준	B	D	K	M
원료	10	8	5	8
가격	4	9	10	7
인지도	8	7	9	10
디자인	5	10	9	7
총점	27	34	33	32

㉢ 밀러의 기준 : 인지도 + 디자인

제품명 평가기준	B	D	K	M
인지도	8	7	9	10
디자인	5	10	9	7
총점	13	17	18	17

㉣ 휴즈의 기준 : 원료 + 가격 + 인지도

제품명 평가기준	B	D	K	M
원료	10	8	5	8
가격	4	9	10	7
인지도	8	7	9	10
총점	22	24	24	25

㉤ 구매 결과

제인	데이먼	밀러	휴즈
D	D	K	M

25 ③

1명의 투표권자가 후보자에게 줄 수 있는 점수는 1순위 5점, 2순위 3점으로 총 8점이다. 현재 투표까지 중간집계 점수가 640이므로 80명이 투표에 참여하였으며, 아직 투표에 참여하지 않은 사원은 120 − 80 = 40명이다. 따라서 신입사원 A는 40명의 사원에게 문자를 보내야 한다.

26 ②

B팀은 자신들이 제작한 홍보책자를 서울에 모두 배포하거나 부산에 모두 배포한다는 지침에 따라 배포하였는데, B팀이 제작·배포한 홍보책자 중 일부를 부산에서 발견하였으므로, B팀의 책자는 모두 부산에 배포되었다.

A팀이 제작·배포한 책자 중 일부를 서울에서 발견하였지만, A팀은 자신들이 제작한 홍보책자를 서울이나 부산에 배포한다는 지침에 따라 배포하였으므로, 모두 서울에 배포되었는지는 알 수 없다.

따라서 항상 옳은 평가는 ㉢뿐이다.

27 ④

7월 23일(일)에 포항에서 출발하여 울릉도에 도착한 김 대리는 24일(월) 오후 6시에 호박엿 만들기 체험을 하고, 25일(화) 오전 8시에 울릉도→독도→울릉도 선박에 탑승할 수 있으며 26일(수) 오후 3시에 울릉도에서 포항으로 돌아올 수 있다.

① 16일(일)에 출발하여 19일(수)에 돌아왔다면 매주 화요일과 목요일에 출발하는 울릉도→독도→울릉도 선박에 탑승할 수 없다(18일 화요일 최대 파고 3.2).

② 매주 금요일에 술을 마시는 김 대리는 술을 마신 다음날인 22일(토)에는 멀미가 심해서 돌아오는 선박을 탈 수 없다.

③ 20일(목)에 포항에서 울릉도로 출발하면 오후 1시에 도착하는데, 그러면 오전 8시에 출발하는 울릉도→독도→울릉도 선박에 탑승할 수 없다.

28 ③

평가 기준에 따라 점수를 매기면 다음과 같다.

평가 항목 / 음식점	음식 종류	이동 거리	가격 (1인 기준)	맛 평점 (★ 5개 만점)	방 예약 가능 여부	총점
자금성	2	3	4	1	1	11
샹젤리제	3	2	3	2	1	11
경복궁	4	4	1	3	1	13
도쿄타워	5	1	2	4	–	12

따라서 A그룹의 신년회 장소는 경복궁이다.

29 ④

2016년 기준 최근 실시한 임기만료에 의한 국회의원선거의 선거권자 총수는 3천만 명이고 보조금 계상단가는 1,030원(2015년 1,000원+30원)이므로 309억 원을 지급하여야 하는데, 5월 대통령선거와 8월 동시지방선거가 있으므로 각각 309억 원씩을 더하여 총 927억 원을 지급해야 한다.

30 ①

각각의 프로그램이 받을 점수를 계산하면 다음과 같다.

분야	프로그램명	점수
미술	내 손으로 만드는 고속도로	$\{(26 \times 3) + (32 \times 2)\} = 142$
인문	세상을 바꾼 생각들	$\{(31 \times 3) + (18 \times 2)\} = 129$
무용	스스로 창작	$\{(37 \times 3) + (25 \times 2)\} + $ 가산점 $30\% = 209.3$
인문	역사랑 놀자	$\{(36 \times 3) + (28 \times 2)\} = 164$
음악	연주하는 사무실	$\{(34 \times 3) + (34 \times 2)\} + $ 가산점 $30\% = 221$
연극	연출노트	$\{(32 \times 3) + (30 \times 2)\} + $ 가산점 $30\% = 202.8$
미술	예술캠프	$\{(40 \times 3) + (25 \times 2)\} = 170$

따라서 가장 높은 점수를 받은 연주하는 사무실이 최종 선정된다.

31 ④

VLOOKUP은 범위의 첫 열에서 찾을 값에 해당하는 데이터를 찾은 후 찾을 값이 있는 행에서 열 번호 위치에 해당하는 데이터를 구하는 함수이다. 단가를 찾아 연결하기 위해서는 열에 대하여 '항목'을 찾아 단가를 구하게 되므로 VLOOKUP 함수를 사용해야 한다. VLOOKUP(B2,$A$8:$B$10,2,0)은 'A8:B10' 영역의 첫 열에서 '식비'에 해당하는 데이터를 찾아 2열에 있는 단가 값인 6500을 선택하게 된다(TRUE(1) 또는 생략할 경우, 찾을 값의 아래로 근삿값, FALSE(0)이면 정확한 값을 표시한다).

따라서 '=C2*VLOOKUP(B2,$A$8:$B$10,2,0)'은 10×6500이 되어 결과 값은 65,000이 되며, 이를 D5까지 드래그하면, 각각 129,000, 42,000, 52,000의 사용금액을 결과 값으로 나타내게 된다.

32 ④

'$'는 다음에 오는 셀 기호를 고정값으로 묶어 두는 기능을 하게 된다. A6 셀을 복사하여 C6 셀에 붙이게 되면, 'A'셀이 고정값으로 묶여 있어 (A)에는 A6 셀과 같은 '$A$1+$A2'의 값 10이 입력된다. (B)에는 '$'로 묶여 있지 않은 2행의 값 대신에 4행의 값이 대응될 것이다. 따라서 '$A$1+$A4'의 값인 9가 입력된다. 따라서 (A)와 (B)의 합은 19가 된다.

33 ②

'#,###,'이 서식은 천 단위 구분 기호 서식 맨 뒤에 쉼표가 붙은 형태로 소수점 이하는 없애고 정수 부분은 천 단위로 나타내면서 동시에 뒤에 있는 3자리를 없애준다. 반올림 대상이 있을 경우 반올림을 한다. 2451648.81 여기에서 소수점 이하를 없애주면 2451648이 되고, 그 다음 정수 부분에서 뒤에 있는 3자리를 없애주는데 맨 뒤에서부터 3번째 자리인 6이 5 이상이므로 반올림이 된다. 그러므로 결과는 2,452가 된다.

34 ④

= SUM($B$2:C2) 이렇게 수식을 입력을 하고 아래로 채우기 핸들을 하게 되면 셀 주소가 다음과 같이 변하게 된다.

= SUM($B$2:C2) → D2셀

= SUM($B$2:C3) → D3셀

= SUM($B$2:C4) → D4셀

B2셀은 절대참조로 고정하였으므로 셀 주소가 변하지 않고, 상대참조로 잡은 셀은 열이 C열로 고정되었고 행 주소가 바뀌게 된다.

그러면 각각 셀에 계산된 결과가 다음과 같이 나온다.

D2셀에 나오는 값 결과 : 15 (5 + 10 = 15)

D3셀에 나오는 값 결과 : 36 (5 + 7 + 10 + 14 = 36)

D4셀에 나오는 값 결과 : 63 (5 + 7 + 9 + 10 + 14 + 18 = 63)

35 ④

MIN 함수에서 최소값을 반환한 후, IF 함수에서 "이상 없음" 문자열이 출력된다. B3의 내용이 1로 바뀌면 출력은 "부족"이 된다.

㉠ 반복문은 사용되고 있지 않다.

㉢ 현재 입력으로 출력되는 결과물은 "이상 없음"이다.

36 ④

'=LARGE(B2:B7,2)'는 범위 안에 있는 값들 중에서 2번째로 큰 값을 찾으라는 수식이므로 800이 답이다.

37 ②

숫자는 1, 4, 7, 10, 13, 16으로 채워지고 요일은 월, 수, 금, 일, 화, 목으로 채워지고 있다. 따라서 A6값은 16이고 B6값은 목요일이다.

38 ②

a, S의 값의 변화과정을 표로 나타내면

a	S
2012	0
2012	$0 + 2012$
201	$0 + 2012 + 201$
20	$0 + 2012 + 201 + 20$
2	$0 + 2012 + 201 + 20 + 2$
0	$0 + 2012 + 201 + 20 + 2 + 0$

따라서 인쇄되는 S의 값은

$0 + 2012 + 201 + 20 + 2 + 0 = 2235$ 이다.

39 ①

오른쪽 워크시트는 왼쪽 워크시트를 텍스트 나누기 기능을 통해 열구분선을 기준으로 하여 텍스트를 나눈 결과이다.

40 ③

2011년 10월 생산품이므로 1110의 코드가 부여되며, 일본 '왈러스' 사는 5K, 여성용 02와 블라우스 해당 코드 006, 10,215번째 입고품의 시리얼 넘버 10215가 제품 코드로 사용되므로 1110 − 5K − 02006 − 10215가 된다.

41 ②

제시된 상황에서 오류 문자는 'FRAJVOT'이고, 오류 발생 위치는 'DKGUIQNR'이다. 두 문자에 사용된 알파벳을 비교했을 때 일치하는 알파벳은 R 1개이다. 판단 기준에 따라 '0 < 일치하는 알파벳의 개수 ≤ 3'에 해당하므로 Final code는 rnlcksg이다.

42 ③

제시된 상황에서 오류 문자는 'IUFNGKT'이고, 오류 발생 위치는 'TKUNAWG'이다. 두 문자에 사용된 알파벳을 비교했을 때 일치하는 알파벳은 U, N, G, K, T 5개이다. 판단 기준에 따라 '3 < 일치하는 알파벳의 개수 ≤ 5'에 해당하므로 Final code는 qnfrk이다.

43 ①

제시된 상황에서 오류 문자는 'AKDRHS'이고, 오류 발생 위치는 'PMOTNW'이다. 두 문자에 사용된 알파벳을 비교했을 때 일치하는 알파벳은 없다. 판단 기준에 따라 '일치하는 알파벳의 개수 = 0'에 해당하므로 Final code는 rksmd이다.

44 ③

Final code가 rksmd이므로 오류 문자와 오류 발생 위치의 알파벳 중 일치하는 것이 없어야 한다. 따라서 보기 중 가능한 것은 ③ ATKBZYU뿐이다.

45 ①

Final code가 qnfrk이므로 오류 문자와 오류 발생 위치의 알파벳 중 일치하는 것이 3 초과 5 이하이어야 한다. 따라서 보기 중 가능한 것은 ① NGHJLQ뿐이다.

46 ②

α상태이므로, A와 B의 평균은 $\frac{15+20}{2}=17.5$이다.

10 < A와 B의 평균 < 20이므로 경계에 해당한다. 따라서 파란 레버를 내린다.

47 ④

χ상태이므로, |A − B|= |30 − 60|= 30

30 ≤ |A − B|이므로 경고에 해당한다. 따라서 빨간 버튼을 누른다.

48 ①

처음 상태와 나중 상태를 비교해보았을 때, 기계의 모양이 바뀐 것은 1번과 4번이다. 스위치가 두 번 눌러서 1번과 4번의 모양만 바꾸기 위해서는 1번, 2번 기계를 회전(☆)시키고 다시 2번, 4번 기계를 회전(◆)시키는 스위치를 누르면 된다.

49 ②

처음 상태와 나중 상태를 비교해보았을 때, 기계의 모양이 바뀐 것은 3번과 4번이다. 스위치가 두 번 눌러서 3번과 4번의 모양만 바꾸기 위해서는 2번, 3번 기계를 회전(◇)시키고 다시 2번, 4번 기계를 회전(◆)시키는 스위치를 누르면 된다.

50 ④

스위치를 세 번 눌러 처음 상태와 나중 상태에서 모양이 변화한 기계가 없으므로 1번, 2번 기계를 회전(☆)하고, 1번, 3번 기계를 회전(★)하면 1번 기계는 원래대로 돌아가서 2번, 3번 기계는 처음 상태에서 회전되어 있는 상태이므로 2번, 3번 기계를 회전(◇)시켜주면 처음과 똑같은 상태가 된다.

51 ③

• W숫자 / L숫자 → X축 최곳값 / Y축 최곳값
• 알파벳(숫자, 숫자) → 도형의 모양(X축값,Y축값)

D 원	G 삼각형	S 사각형	Y 다이아몬드	T 별

• : 알파벳숫자 → V 작은 도형, W 큰 도형, 1 채우기 有, 0 채우기 無

따라서 제시된 그래프에 대한 명령어는 W5 / L5 Y(1,4) : V0 / T(1,3) : V1 / D(2,1) : W1 / T(4,5) : W1이다.

52 ②

제시된 그래프에 대한 명령어는 W4 / L5 S(2,1) : V0 / G(2,4) : W1 / D(3,2) : V0 / T(4,4) : V1이다.

53 ④

- W4 / L5 → X축 최곳값 4 / Y축 최곳값 5
- Y(1,4) : V1 → 다이아몬드(1,4) : 작은 도형, 채우기有
- S(1,3) : V1 → 사각형(1,3) : 작은 도형, 채우기有
- T(2,1) : W0 → 별(2,1) : 큰 도형, 채우기無
- D(4,5) : W1 → 원(4,5) : 큰 도형, 채우기有

따라서 제시된 명령어를 실행할 경우 ④와 같은 그래프가 구현된다.

54 ③

- W5 / L5 → X축 최곳값 5 / Y축 최곳값 5
- D(1,3) : V1 → 원(1,3) : 작은 도형, 채우기有
- T(2,4) : W0 → 별(2,4) : 큰 도형, 채우기無
- S(4,3) : V0 → 사각형(4,3) : 작은 도형, 채우기無
- Y(4,4) : V0 → 다이아몬드(4,4) : 작은 도형, 채우기無

따라서 제시된 명령어를 실행할 경우 ③과 같은 그래프가 구현된다.

55 ④

- W5 / L4 → X축 최곳값 5 / Y축 최곳값 4
- T(1,2) : V0 → 별(1,2) : 작은 도형, 채우기無
- S(2,4) : V1 → 사각형(2,4) : 작은 도형, 채우기有
- D(4,3) : V1 → 원(4,3) : 작은 도형, 채우기有
- G(5,4) : W0 → 삼각형(5,4) : 큰 도형, 채우기無(도형 모양 오류)

56 ③

"해당 세탁기를 타 전열기구와 함께 사용하는 것을 금하며 정격 15A 이상의 콘센트를 단독으로 사용하세요."에서 알 수 있듯이 다른 전열기구 하고는 같이 사용하지 않아야 함을 알 수 있다. 또한 지문에서 멀티탭을 활용한다는 내용을 찾을 수가 없다.

57 ①

"당부사항" ③에서 보면 탈수 중 도어가 열린 상태로 탈수조가 회전하는 경우에는 세탁기의 사용을 중지 후 수리를 의뢰해야 한다. 그렇지 않은 경우 상해의 원인이 될 수 있음을 알 수 있다.

58 ③

타 기구와 함께 콘센트를 사용하지 말라는 내용이므로 ③의 그림이 적합하다.

59 ③

③ 전원 플러그의 금속부분이나 그 주변 등에 먼지가 붙어 있을 시에는 깨끗이 닦아준다.

60 ④

④ 경고 ②의 욕실 등의 습기가 많은 장소에 설치하지 말라는 경고 사항을 무시하였다.
①②③은 주의 사항을 무시한 사례이다.

1 ③

터널을 완전히 통과한다는 것은 터널의 길이에 열차의 길이를 더한 것을 의미한다. 따라서 열차의 길이를 x라 하면, '거리 = 시간 × 속력'을 이용하여 다음과 같은 공식이 성립한다. $(840 + x) \div 50 = 25$, $x = 410m$가 된다. 이 열차가 1,400m의 터널을 통과하게 되면 $(1,400 + 410) \div 50 = 36.2$초가 걸리게 된다.

2 ③

연이자율을 r, 납입 개월 수를 n이라고 할 때

[甲이 받을 수 있는 총 금액]

• 원금 : $200,000 \times 24 = 4,800,000$원

• 이자 : $200,000 \times \dfrac{n(n+1)}{2} \times \dfrac{r}{12}$

$= 200,000 \times \dfrac{24(24+1)}{2} \times \dfrac{0.05}{12}$

$= 250,000$원

∴ $4,800,000 + 250,000 = 5,050,000$원

[乙이 받을 수 있는 총 금액]

• 만기 수령액 = 원금 $\times \left(1 + r \times \dfrac{n}{12}\right)$

$= 5,000,000 \times \left(1 + 0.02 \times \dfrac{24}{12}\right)$

$= 5,200,000$원

따라서 2년 뒤 甲과 乙이 받을 수 있는 금액의 차이는 150,000원이다.

3 ①

늘어난 비율을 x라 하면, 다음 공식이 성립한다.

$20x \times 15x = 432 \rightarrow 300x^2 = 432$

따라서 $x^2 = 1.44$가 되어 $x = 1.2$가 된다.

이것은 원래의 가로, 세로의 길이에서 20%씩 길이가 늘어났다는 것이 되므로

결국 $20 \times 1.2 = 24m$와 $15 \times 1.2 = 18m$가 된다.

따라서 새로운 잔디밭의 가로, 세로의 길이는 24m, 18m이다.

4 ④

전 직원의 수를 x라 하면, 과민성대장증상을 보이는 직원의 수는 $\dfrac{2}{3}x$가 되며, 이 중 아침을 먹지 않는 직원의 수는 $\dfrac{2}{3}x \times \dfrac{1}{4}$가 된다. 또한 과민성대장증상을 보이지만 아침 식사를 하는 직원의 수는 $\dfrac{2}{3}x$에서 $\dfrac{2}{3}x \times \dfrac{1}{4}$을 빼면 되므로 다음과 같은 식이 성립한다.

$\dfrac{2}{3}x - \left(\dfrac{2}{3}x \times \dfrac{1}{4}\right) = 144$

따라서 이를 풀면 $x = 288$명이 된다.

5 ④

보완적 평가방식은 각 상표에 있어 어떤 속성의 약점을 다른 속성의 강점에 의해 보완하여 전반적인 평가를 내리는 방식을 의미한다. 보완적 평가방식에서 차지하는 중요도는 60, 40, 20이므로 이러한 가중치를 각 속성별 평가점수에 곱해서 모두 더하면 결과 값이 나오게 된다. 각 대안(열차종류)에 대입해 계산하면 아래와 같은 결과 값을 얻을 수 있다.

• KTX 산천의 가치 값
  $= (0.6 \times 3) + (0.4 \times 9) + (0.2 \times 8) = 7$

• ITX 새마을의 가치 값
  $= (0.6 \times 5) + (0.4 \times 7) + (0.2 \times 4) = 6.6$

• 무궁화호의 가치 값
  $= (0.6 \times 4) + (0.4 \times 2) + (0.2 \times 3) = 3.8$

• ITX 청춘의 가치 값
  $= (0.6 \times 6) + (0.4 \times 4) + (0.2 \times 4) = 6$

• 누리로의 가치 값
  $= (0.6 \times 6) + (0.4 \times 5) + (0.2 \times 4) = 6.4$

조건에서 각 대안에 대한 최종결과 값 수치에 대한 반올림은 없는 것으로 하였으므로 종합 평가점수가 가장 높은 KTX 산천이 김정은과 시진핑의 입장에 있어서 최종 구매대안이 되는 것이다.

6 ③

기준 타수의 합계가 36개인 상황에서
甲은 타수의 합계가 기준 타수의 합계보다 2개 적으므로 $34 - 36 = -2$이고
x가 두 개 있으므로 $x = -1$이다.
丙은 타수 합계가 36으로 기준 타수의 합계와 동일한데 x와 y가 각각 하나씩이므로
$y = 1$이 된다. ($\because x = -1$)
乙은 x가 1개, y가 2개이므로 기준타수에 $+1$을 해야 하므로 타수의 합계가 37이 된다.
㉠ $x = -1$이므로 1타 적게 친 것을 의미한다. (○)
㉡ 9개 홀의 타수의 합은 갑은 34, 을을 37이므로 다르다. (×)
㉢ 세 선수 중에서 타수의 합이 가장 적은 선수는 갑이 맞다. (○)

7 ①

S→1→F 경로로 갈 경우에는 7명, S→3→2→F 경로로 갈 경우에는 11명이며, S→3→2→4→F 경로로 갈 경우에는 6명이므로, 최대 승객 수는 모두 더한 값인 24명이 된다.

8 ②

주어진 조건에 의해 다음과 같이 계산할 수 있다.
$\{(1,000,000 + 100,000 + 200,000) \times 12 + (1,000,000 \times 4) + 500,000\} \div 365 \times 30 = 1,652,055$원
따라서 소득월액은 1,652,055원이 된다.

9 ②

차종별 주행거리에서 화물차는 2016년에 비해 2017년에 7.9% 증가하였음을 알 수 있다.

10 ③

지방도로의 주행거리에서 가장 높은 수단과 가장 낮은 수단과의 주행거리 차이는 승용차의 주행거리에서 화물차의 주행거리를 뺀 값으로 ($61,466 - 2,387 = 59,079$km)이다.

11 ④

• 첫 번째 생산성 조건에 따르면 A생산라인과 B생산라인을 각각 가동할 때, A생산라인은 1시간에 25개(정상 20개), B생산라인은 1시간에 50개(정상 45개)를 만든다.
• 두 번째 생산성 조건에서 두 라인을 동시에 가동하면 시간 당 정상제품 생산량이 각각 20%씩 상승한다고 하였으므로 A생산라인은 시간당 24개, B생산라인은 시간당 54개의 정상제품을 생산한다.
• A생산라인을 먼저 32시간 가동하였을 때 만들어진 정상제품은 $20 \times 32 = 640$개이므로 최종 10,000개의 납품을 맞추려면 9,360개의 정상제품이 더 필요하다.
• 두 생산라인을 모두 가동한 시간을 x라 할 때, 두 생산라인을 모두 가동하여 9,360개를 생산하는 데 걸리는 시간은 $(24 + 54)x = 9,360$이므로 $x = 120$이다.

12 ④

B생산량 × 5명 + D생산량 × 6 + E생산량 × 2 = 500 × 5 + 700 × 6 + 800 × 2 = 8,300

13 ②

질량 배합 비율에 따라 제품 A를 300kg 생산하는 데 사용된 개별 금속의 양과 생산 후 남은 금속의 양은 다음 표와 같다.

구분	구리	철	주석	아연	망간
사용된 양	180	15	0	75	30
남은 양	530	0	33	80	0

남은 양으로 만들 수 있는 제품 B는 530kg(구리 424 + 주석 26.5 + 아연 79.5)이다. 따라서 甲금속회사가 생산한 제품은 A 300kg, B 530kg으로 이를 모두 판매하여 얻을 수 있는 최대 금액은 (300 × 300) + (530 × 200) = 196,000원이다.

14 ②

주어진 2개의 자료를 통하여 다음과 같은 상세 자료를 도출할 수 있다.

(단위 : 건, %)

연도	노선	1호선	2호선	3호선	4호선	합
2017	아동	37	159	11	2	209
	범죄율	17.7	76.1	5.3	1.0	
	비아동	187	112	71	37	407
	범죄율	45.9	27.5	17.4	9.1	
	전체	224	271	82	39	616
	전체 범죄율	36.4	44.0	13.3	6.3	
2018	아동	63	166	4	5	238
	범죄율	26.5	69.7	1.7	2.1	
	비아동	189	152	34	56	431
	범죄율	43.9	35.3	7.9	13.0	
	전체	252	318	38	61	669
	전체 범죄율	37.7	47.5	5.7	9.1	

따라서 이를 근거로 〈보기〉의 내용을 살펴보면 다음과 같다.

㈎ 2018년 비아동 상대 범죄 발생건수는 3호선이 71건에서 34건으로 전년보다 감소하였다. (×)

㈏ 2018년의 전년 대비 아동 상대 범죄 발생건수의 증가폭은 238 − 209 = 29건이며, 비아동 상대 범죄 발생건수의 증가폭은 431 − 407 = 24건이 된다. (○)

㈐ 2018년의 노선별 전체 범죄율이 10% 이하인 노선은 5.7%인 3호선과 9.1%인 4호선으로 2개이다. (×)

㈑ 2호선은 2017년과 2018년에 각각 44.0%와 47.5%의 범죄율로, 두 해 모두 전체 범죄율이 가장 높은 노선이다. (○)

15 ①

앞 문제에서 정리한 바와 같이 2018년의 비아동 상대 범죄의 범죄율은 1~4호선별로 각각 43.9%, 35.3%, 7.9%, 13.0%이므로, 1호선 − 2호선 − 4호선 − 3호선 순으로 범죄율이 높은 것을 알 수 있다.

16 ②

①② 계약은 청약에 대한 승낙의 효력이 발생한 시점에 성립되므로 B의 승낙이 A에게 도달한 2018년 1월 14일에 성립된다.

③ 2018년 1월 15일까지 승낙 여부를 통지해 달라고 승낙기간을 지정하였으므로 청약은 철회될 수 없다.

④ 청약에 대한 승낙은 동의의 의사표시가 청약자에게 도달하는 시점에 효력이 발생하므로 B의 승낙이 A에게 도달한 2018년 1월 14일에 성립된다.

17 ②

② 행위자 A와 직·간접적으로 연결되는 모든 행위자들과의 최단거리는 1−5명(D, E, F, G, H), 2−1명(B), 3−4명(I, J, K, M), 4−1명(C), 5−4명(L, N, O, P)으로 총 43으로 행위자 A의 근접 중심성은 $\frac{1}{43}$이다.

행위자 B와 직·간접적으로 연결되는 모든 행위자들과의 최단거리는 1−5명(G, I, J, K, M), 2−2명(A, C), 3−8명(D, E, F, H, L, N, O, P)으로 총 33으로 행위자 B의 근접 중심성은 $\frac{1}{33}$이다.

18 ④

명부작성방법에서 1순위 항목점수가 동일한 경우에 한하여 2순위 항목에 해당될 경우 추가합산 가능하다고 나와 있다.

19 ④

ⓒ 300점

ⓑ 250점

ⓐ 150점

20 ④

일찍 출근하는 것과 직무 몰입도의 관계에 대해서 언급한 사람은 B와 C이다. 그러므로 일찍 출근을 하지만 직무에 몰입하지 않는 임직원이 많을수록 B와 C의 결론이 약화된다.

21 ①

신입사원 오리엔테이션 당시 다섯 명의 자리 배치는 다음과 같다.

김 사원	이 사원	박 사원	정 사원	최 사원

확정되지 않은 자리를 SB(somebody)라고 할 때, D에 따라 가능한 경우는 다음의 4가지이다.

㉠	이 사원	SB 1	SB 2	정 사원	SB 3
㉡	SB 1	이 사원	SB 2	SB 3	정 사원
㉢	정 사원	SB 1	SB 2	이 사원	SB 3
㉣	SB 1	정 사원	SB 2	SB 3	이 사원

이 중 ㉠, ㉡은 B에 따라 불가능하므로, ㉢, ㉣의 경우만 남는다. 여기서 C에 따라 김 사원과 박 사원 사이에는 1명이 앉아 있어야 하므로 ㉢의 SB 2, SB 3과 ㉣의 SB 1, SB 2가 김 사원과 박 사원의 자리이다. 그런데 B에 따라 김 사원은 ㉣의 SB 1에 앉을 수 없고 박 사원은 ㉢, ㉣의 SB 2에 앉을 수 없으므로 다음의 2가지 경우가 생긴다.

㉢	정 사원	SB 1 (최 사원)	김 사원	이 사원	박 사원
㉣	박 사원	정 사원	김 사원	SB 3 (최 사원)	이 사원

따라서 어떤 경우에도 바로 옆에 앉는 두 사람은 김 사원과 최 사원이다.

22 ②

마지막 조건에 의하면 첫 번째 자리 숫자가 1이 되며 세 번째 조건에 의해 가장 큰 수는 6이 되는데, 마지막 조건에서 오름차순으로 설정하였다고 하였으므로 네 번째 자리 숫자가 6이 된다. 두 번째 조건에서 곱한 수가 20보다 크다고 하였으므로 0은 사용되지 않았다. 따라서 (1××6) 네 자리 수의 합이 11이 되기 위해서는 1과 6을 제외한 두 번째와 세 번째 자리 수의 합이 4가 되어야 하는데, 같은 수가 연달아 한 번 반복된다고 하였으므로 (1136) 또는 (1226) 중 모두 곱한 수가 20보다 큰 (1226)이 된다.

23 ②

㉠ 甲이 총 3번의 대결을 하면서 각 대결에서 승리할 확률이 가장 높은 전략부터 순서대로 선택한다면, C전략→B전략→A전략으로 각각 1회씩 사용해야 한다. → 옳음

㉡ 甲이 총 5번의 대결을 하면서 각 대결에서 승리할 확률이 가장 높은 전략부터 순서대로 선택한다면, C전략→B전략→A전략→A전략→C전략으로 5번째 대결에서는 C전략을 사용해야 한다. → 틀림

㉢ 甲이 1개의 전략만을 사용하여 총 3번의 대결을 하면서 3번 모두 승리할 확률을 가장 높이려면, 3번의 승률을 모두 곱했을 때 가장 높은 A전략을 선택해야 한다. → 옳음

㉣ 甲이 1개의 전략만을 사용하여 총 2번의 대결을 하면서 2번 모두 패배할 확률을 가장 낮추려면, 2번 모두 패할 확률을 곱했을 때 가장 낮은 C전략을 선택해야 한다. → 틀림

24 ②

8점의 차이는 해당 항목의 환산 전 항목의 평가 점수 차이이며, 이 차이는 환산 점수화되면 5분의 1로 줄어들게 된다.

① 1차와 2차 평가 항목에서는 책임건축사와 건축회사 모두의 수행 경력을 평가기준으로 삼고 있다.

③ 협력회사의 평가 기준상 착수~고시완료까지의 실적을 인정하는 것으로 명시되어 있다.

④ 면적은 15점의 배점이 되어 있는 평가 항목이다.

25 ④

주어진 정보를 통해 점수를 계산해 보면 다음과 같다.

구분		A	B
책임건축사	경력기간	18년→16점	16년→12
	실적	3건→25점	4건→30
계약회사	건수	3건→12점	2건→9
	면적	4.5만㎡→9점	6만㎡→12
협력회사	정비계획	4건→10점	3건→8
	지하 공간	2건→6점	3건→8
계		78점	179점

따라서 환산점수는 A가 $78 \div 100 \times 20 = 15.6$점이며, B가 $79 \div 100 \times 20 = 15.8$점이 된다.

26 ④

④ '공정무역원두만을 사용한 커피 판매' CSR 캠페인을 통해 비싼 제품 가격에 대한 정당성을 부여하여 약점을 보완하고, 불합리한 원두생산공정에 관한 사회 인식 증대라는 위협을 회피할 수 있다.

① 강력한 브랜드 파워를 강점으로 가지고 있으므로 가격할인 프로모션을 하여 브랜드 홍보 전략을 시행할 필요는 없다.

② A 커피 전문점과 타사의 차별화가 되지 않는 상황에서 타사 벤치마킹을 통한 신제품 개발은 불필요하다.

③ 비용 감축은 A 커피 전문점의 당면 과제로 보기 어려우며, 커피 전문점 브랜드가 난립하는 가운데 제품 라인 축소 전략은 위협을 회피하기 위한 적절한 전략으로 볼 수 없다.

27 ④

① 총 인원이 250명이므로 블루 연회장과 골드 연회장이 적합하다.

② 송년의 밤 행사이니 저녁 시간대에 진행되어야 한다.

③ 평일인 4~5일과 11~12일은 예약이 불가능하다.

④ 모든 조건을 고려했을 때 예약 가능한 연회장은 6일 블루, 7일 골드, 13일 블루, 14일 블루 또는 골드이다.

28 ③

예약 가능한 비행기 스케줄 중 항공기의 안전이 위협받고 있는 카자흐스탄 영공을 지나지 않는 노선은 중국 홍콩을 경유하는 501편뿐이다.

29 ②

평일 오전 8시부터 오후 8시까지 최소 비용으로 계속 1명 이상의 아르바이트생을 채용하기 위해서는 강한결과 송민국을 채용하면 된다.

30 ②

평일 오전 8시부터 오후 4시까지 근무하던 강한결의 공백을 채우기 위해서는 희망 근무 시간이 맞는 사람 중 월, 수, 금은 김샛별에게, 화, 목은 금나래에게 먼저 연락해 볼 수 있다.

31 ③

D2셀에 기재되어야 할 수식은 =VLOOKUP(B2,$C$12:$D$15,2,0)이다. B2는 직책이 대리이므로 대리가 있는 셀을 입력하여야 하며, 데이터 범위인 C12:D15가 변하지 않도록 절대 주소로 지정을 해 주게 된다. 또한 대리 직책에 대한 수당이 있는 열의 위치인 2를 입력하게 되며, 마지막에 직책이 정확히 일치하는 값을 찾아야 하므로 0을 기재하게 된다.

32 ④

㉮ 대화 상자에서 '원본 데이터 연결'을 선택하면 제시된 바와 같은 기능을 실행할 수 있다. (○)

㉯ 통합 문서 내의 다른 워크시트뿐 아니라 다른 통합 문서에 있는 워크시트도 통합할 수 있다. (×)

㉰ 통합 기능에서 사용할 수 있는 함수로는 합계, 개수, 평균, 최댓값/최솟값, 곱, 숫자 개수, 표준편차, 분산 등이 있다. (○)

㉱ 제시된 바와 같은 경우, 별도의 행이나 열이 만들어지게 되므로 통합 기능을 수행할 수 있다. (○)

33 ④

시간대별 날씨에서 현재시간 15시에 31도를 나타내고 있다. 하지만, 자정이 되는 12시에는 26도로써 온도가 5도 정도 낮아져서 현재보다는 선선한 날씨가 된다는 것을 알 수 있다.

34 ③

메신저는 인터넷 상에서 실시간으로 메시지 및 데이터 등을 주고받을 수 있는 소프트웨어를 의미한다. 또한 대부분의 메신저가 파일 교환을 지원하기 때문에 FTP를 거치지 않고 바로 파일을 교환할 수 있다.

35 ③

A=1, S=1

A=2, S=1+2

A=3, S=1+2+3

…

A=10, S=1+2+3+…+10

∴ 출력되는 S의 값은 55이다.

36 ④

DSUM(범위, 열번호, 조건)은 조건에 맞는 수치를 합하는 함수이며 DCOUNT(범위, 열번호, 조건)은 조건에 맞는 셀의 개수를 세는 함수이다. 따라서 DSUM이 아닌 DCOUNT 함수를 사용해야 하며, 추리영역이 있는 열은 4열이므로 '=DCOUNT(A1:D6, 4, F2:F3)'를 입력해야 한다.

37 ②

SUMIF는 조건에 맞는 데이터를 더해주는 함수로서 범위는 B2:B10으로 설정해 주고 조건은 3천만원 초과가 아니라 이상이라고 했으므로 "〉=30000000"으로 설정한다.

38 ①

DMAX는 데이터 최대값을 구할 때 사용되는 함수이고, 주어진 조건에 해당하는 값을 선택하여 평균을 구할 때는 DAVERAGE가 사용된다. 따라서 DAVERAGE(범위, 열번호, 조건)을 입력해야 하는데 범위는 [A1]부터 [C9]까지이고 점수를 평균내야 하기 때문에 열 번호는 3이다. 조건은 2학년이기 때문에 'E4:E5'로 설정한다.

39 ①

RANK(number, ref, [order])

number는 순위를 지정하는 수이므로 B2, ref는 범위를 지정하는 것이므로 $B$2:$B$8이다. oder는 0이나 생략하면 내림차순으로 순위가 매겨지고 0이 아닌 값을 지정하면 오름차순으로 순위가 매겨진다.

40 ②

DSUM 함수는 범위에서 조건에 맞는 레코드 필드 열에 있는 값의 합계를 계산할 때 사용하는 함수이다. 데이터가 있는 범위인 A1:E5을 지정하여야 하며, 총점이 데이터 범위 중 다섯 번째 열에 있으므로 5를 입력하고, 조건이 있는 B7:B8을 입력하게 되면, 값은 247 + 240 = 487이 된다.

41 ④

제시된 상황에서 오류 문자는 'TLENGO'이고, 오류 발생 위치는 'MEONRTD'이다. 두 문자에 사용된 알파벳을 비교했을 때 일치하는 알파벳은 T, E, N, O 4개이다. 판단 기준에 따라 '3 < 일치하는 알파벳의 개수'에 해당하므로 Final code는 Nugre이다.

42 ④

제시된 상황에서 오류 문자는 'ROGNATQ'이고, 오류 발생 위치는 'GOLLIAT'이다. 두 문자에 사용된 알파벳을 비교했을 때 일치하는 알파벳은 O, G, A, T 4개이다. 판단 기준에 따라 '3 < 일치하는 알파벳의 개수'에 해당하므로 Final code는 Nugre이다.

43 ②

입고연월일 190422 + 입고시간 P0414 + 경상북도 목장2 05J + 염소 치즈 5B

따라서 코드는 '190422P041405J5B'가 된다.

44 ④

경북 지역의 지역코드는 05이다. 보기에 제시된 제품코드의 지역코드가 모두 05이므로 모두 경북 지역에서 생산된 제품이라 폐기 대상이다. 다만 털 제품을 제외한다고 하였으므로 제품 종류가 산양 털(6C)인 ④는 폐기 대상이 아니다.

45 ③

(지역코드 + 고유번호)가 03G이므로 충북 목장2에서 생산된 제품이다.

46 ①

π상태이므로, $3 \times A = 60$

$3 \times A > B$이므로 안전에 해당한다.

따라서 그대로 둔다.

47 ①

χ상태이므로, $|A - B| = |10 - 20| = 10$
$|A - B| \leq 20$이므로 안전에 해당한다.
따라서 그대로 둔다.

48 ②

2번과 4번 기계의 작동상태가 서로 바뀌었다. 따라서
■ 스위치를 눌러야 한다.

49 ③

1번, 3번 기계가 180° 회전하고 작동상태가 서로 바
뀌었다. 따라서 ☆, ◇스위치를 눌러야 한다.

50 ②

모든 기계가 180° 회전하고, 1번, 3번 기계의 작동상
태가 서로 바뀌었다. 따라서 ☆, ●, ◇ 또는 ★, ○,
◇ 스위치를 눌러야 한다.

51 ②

★, ▲, △ 스위치를 눌러서 다음과 같은 순서로 변화
된 것이다.

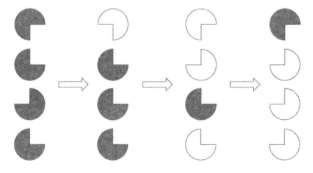

52 ②

② 세 번째에 누른 스위치(■)를 먼저 고려하면 ②와
③이 정답이 될 수 있다. 이 중 첫 번째 스위치(▲)와
두 번째 스위치(☆)에 의해 2번째 기계는 원래 모양대
로 있게 되므로 ②가 정답이 된다.

53 ③

③ 3, 4번 기계의 방향만 바꾸기 위해서는 ★, ☆, ▲
를 누르면 된다(1, 2번 기계는 원위치로 돌아감). 또,
운전 조작 스위치 중 ■, ◉를 누르면 모든 기계가 작
동되는데, 이후 ◆를 누르면 작동되던 2, 3번 기계는
한 번 더 조작되었으므로 정지된다.

54 ①

S는 육각형을 의미하지만, 항상 가장 큰 크기로 표시
되는 것이 아니며, 1, 2, 3 숫자에 의해 어떤 크기로
도 표시될 수 있다.
② H는 Horizontal의 약자로 가로축을, V는 Vertical
   의 약자로 세로축을 의미하므로 네 칸씩 있는 그
   래프는 H4 / V4로 표시된다.
③ N은 내부 채색을, R은 내부 무채색을 의미한다.
④ 가장 마지막 N 또는 R 다음에 표시된 숫자가 도형
   의 크기를 의미한다.

55 ④

가로축이 네 칸, 세로축이 다섯 칸이므로 그래프는
H4 / V5의 형태가 된다.
삼각형, 평행사변형, 평행사변형, 육각형이 차례로 표
시되어 있으므로 J, E, E, S가 도형의 모양을 나타내
는 기호가 되며, 각 좌표를 괄호 안에 표시한다. 첫
번째와 세 번째 도형은 내부 무채색이므로 R, 두 번
째와 네 번째 도형은 내부 채색이므로 N이 표시되며,
세 번째 도형은 2의 크기, 나머지 도형은 모두 3의
크기가 된다.
따라서 선택지 ④와 같은 명령어가 정답인 것을 알
수 있다.

56 ④

문의 개폐횟수가 많아지면 전력소모가 증가하게 된다.

57 ②

본서에 구매자명의 기입이 없는 경우 또는 본 보증서
를 고쳐 쓴 경우에는 유료수리가 된다.

58 ①

동절기에는 냉장고 내부온도가 8~12도 기준에 설정 되어 있으므로 가동 여부의 감지가 어려우나 설정온 도에 의해 작동되고 있음을 알 수 있다.

59 ③

"경고" 부분에서 보면, 오랫동안 사용하지 않을 때는 전원 플러그를 뽑아야 한다고 명시되어 있다.

60 ④

"알아두면 유용한 내용" 부분에서 보면, 보냉은 전원 을 넣고 나서 약 1시간 후에 온도가 일정하게 유지된 다고 명시되어 있다.